# L'Amour inconditionnel

DE LA MÊME AUTEURE

*Trois femmes de passion*,
roman, Septentrion, 2003

*L'Abandon*,
roman, Septentrion, 1999

Denise Riendeau

# L'Amour inconditionnel

*Survivre à l'abandon*

H
hamac
*classique*

Les éditions du Septentrion remercient le Conseil des Arts du Canada et la Société de développement des entreprises culturelles du Québec (SODEC) pour le soutien accordé à leur programme d'édition, ainsi que le gouvernement du Québec pour son Programme de crédit d'impôt pour l'édition de livres. Nous reconnaissons également l'aide financière du gouvernement du Canada par l'entremise du Fonds du livre du Canada (FLC) pour nos activités d'édition.

H
hamac

Hamac est une division des éditions du Septentrion.

Illustration de la couverture : Annie Poulin

Direction littéraire : Éric Simard

Révision : Viviane Asselin

Mise en pages et maquette de la couverture : Pierre-Louis Cauchon

Si vous désirez être tenu au courant des publications
de la collection HAMAC
vous pouvez nous écrire par courrier,
par courriel à info@hamac.qc.ca,
par télécopieur au 418 527-4978
ou consulter notre catalogue sur Internet :
www.hamac.qc.ca


835, av. Turnbull
Québec (Québec)
G1R 2X4

Dépôt légal :
Bibliothèque et Archives
nationales du Québec, 2015
ISBN papier : 978-2-89448-821-8
ISBN PDF : 978-2-89664-926-6
ISBN EPUB : 978-2-89664-927-3

Diffusion au Canada :
Diffusion Dimedia
539, boul. Lebeau
Saint-Laurent (Québec)
H4N 1S2

Ventes en Europe :
Distribution du Nouveau Monde
30, rue Gay-Lussac
75005 Paris, France

Vente de droits :
Mon agent et compagnie
Nickie Athanassi
173 et 183 Carré Curial
73000 Chambéry, France
www.monagentetcompagnie.com

# Prologue

Dans le premier tome, *L'Abandon,* nous est présentée une fillette de neuf ans. Après une enfance choyée, un matin d'août, sans avoir été mise au courant, on l'invite à une randonnée douteuse. À côté d'elle, son cadet de cinq ans est aussi du voyage, mais il n'y a pas trace de sa sœur ni du plus jeune de ses frères. Elle comprend enfin la supercherie. Elle a beau se rebeller, hurler, rien n'y fait, on les laisse tous les deux entre les murs d'un orphelinat.

Hantée par le souvenir d'un père qui lui avait promis de revenir, cette petite fille lutte pendant trois dures années, sans jamais perdre espoir. Pas une minute, malgré sa résignation apparente, elle ne cessera de se rappeler cette promesse, refusant de croire qu'elle a été trahie. Ainsi, une obsession l'habite : quitter l'orphelinat ! Se sauver de cet enfer ! Plusieurs évasions, deux avortées, trois autres ratées ; c'est toujours le retour à la case départ. Les punitions s'ensuivent, évidemment de plus en plus sévères, de plus en plus dissuasives, mais elles ne servent qu'à la convaincre de récidiver. Tant et aussi longtemps qu'elle restera dans cet endroit infect, elle se devra de le faire, pour ne pas sombrer dans le désespoir, pour ne pas épouser la folie qui la guette.

Lors de sa première tentative de fugue, elle n'a que dix ans. Novice, elle s'est vantée à hue et à dia de son projet. Elle n'aurait pas dû, elle se fait dénoncer. Avant même de franchir la porte de la cour arrière, sœur Saint-Éphrem la cueille. Elle en est quitte pour une solide correction sur les fesses. La seule leçon qu'elle en tire – outre celle de se fermer la trappe – est de recommencer à la première occasion.

La deuxième tentative tourne elle aussi au vinaigre. La complice, à la toute dernière minute, la veille, a la chienne. En quittant le réfectoire ce soir-là, elle lui annonce avec gêne qu'elle ne se lèvera pas la nuit suivante, qu'elle ne part plus. C'est trop risqué, on a eu vent de leur complot. Toute l'année, Marie-Denise avait planifié cette fugue avec son amie. Dépitée, elle reporte son évasion, ne trouvant pas l'audace ce jour-là de déguerpir toute seule.

Sa troisième tentative la mène tout de go au cachot. La nouvelle complice, pas plus fidèle, rapporte leurs intentions. Une façon de racheter sa faute devant les sœurs. Le projet d'escapade prenait de l'ampleur et commençait à s'ébruiter joliment. Elle est à nouveau épinglée et cette vacherie la conduit, cette fois-ci, à la cave en compagnie des rats. À tout bien réfléchir, elle prend la ferme résolution d'échafauder seule ses futures escapades, sans les confier à qui que ce soit. Une autre et une autre, échouées elles aussi.

Elle attend donc d'être l'objet d'aucune suspicion. En tout premier lieu, comme entendu, elle opte pour une grande retenue : se faire discrète, garder le profil bas, raser les murs, jusqu'à ce qu'on l'oublie, qu'on ne se souvienne plus de ses délits. Résultat ? La surveillance négligée, elle peut ainsi recommencer, déterminée à ne jamais lâcher prise tant et aussi longtemps qu'on n'en aura pas soupé de ses cavales intempestives.

Enfin la dernière fugue réussit ! Les sœurs ont beau user de toutes les mesures dissuasives possibles, la volée, la réclusion, le mépris, rien n'y fait. Elles en ont assez. Elles en ont plein les bras ! Elles ne savent plus quoi faire « de cette tête dure » qui dérange. C'est bien ce que Marie-Denise souhaitait : sortir de l'orphelinat ! La liberté se présente enfin, la liberté pour elle seule, la plus vieille de la famille.

Mais cette liberté est de courte durée. Par ailleurs s'enracine la détermination indéfectible de libérer ses frères et sa sœur demeurés derrière elle. S'installe aussi, au cours des années subséquentes, la longue ascension vers la quête de l'amitié et de l'amour. Pour lui faire comprendre petit à petit ce qui se cache sous cette recherche opiniâtre qui aboutit sans cesse à des échecs répétés. Une énigme non résolue hante toujours son présent : ce père disparu avec la promesse de revenir, où est-il ? Qu'est-il devenu ? Elle veut le savoir, et elle le saura.

# I
# La Sortie

Ennuyée par une écrasante robe de bure, sœur Saint-Éphrem balance de gauche à droite ses larges hanches. Elle traîne ses chaussures sur le parquet fraîchement ciré. Docilement, Marie-Denise trottine derrière cette forme redoutée, yeux fixes et bouche ouverte d'appréhension. Sur les dents, puisque sa dernière fugue demeure sans suite. Impunie, elle sent qu'il y a anguille sous roche. Elle attend toujours la sentence, l'imaginant hors de proportion. À l'image de ses anciennes réclusions, ses cauchemars alimentent ses frayeurs, les présentent sous les pires aspects. Elle est prise au piège par l'absence même du châtiment. Elle se relate aussi la petite phrase de sœur Sainte-Luce qui, en hochant la tête a dit : « Tu es vraiment malheureuse parmi nous, tu ne t'es jamais adaptée. Il doit y avoir une solution. » Et si c'était la bonne fois ? Si on venait la délivrer de cet enfer, qu'elle sorte enfin de l'orphelinat ? Mais elle se méfie de son éternelle lubie. Elle a tant de fois généré les mêmes déceptions et conduit aux mêmes désenchantements. Elle secoue la tête et vérifie qu'elle ne rêve pas, qu'elle n'est pas dupe et victime une fois de plus de ses illusions coutumières. De peur que le tableau ne s'effondre, elle ose à peine respirer.

La cachotterie avait toujours été son lot. Elle l'était déjà à son entrée dans cet endroit. Elle se souvient. Le véhicule où elle prend place semble savoir où il va. Son oncle

Léon le conduit, sa mère pleure à ses côtés. Rien ne laisse présager les intentions des occupants. Mais l'atmosphère est si lourde que la voiture semble la mener tout droit à l'abattoir. La tête pleine d'interrogations, ses habits d'hiver l'accompagnant alors qu'on est en août ne la rassurent en rien. Enfin, l'apparition de cette énorme bâtisse de brique amplifie l'angoisse existante. Sans compter, la silhouette énigmatique qui se pointe le visage par un petit carreau ouvert au haut de l'escalier décuple l'épouvante d'un futur anticipé. Une porte ouverte qui se referme immédiatement par un bruit de clés. Elle est prisonnière des lieux.

La suite des choses? Une nuit intolérable l'emporte, où les tourments se succèdent, faisant place à d'autres encore plus inquiétants. Dès son entrée dans cette maison de réclusion, les choses lui paraissent troubles. Aujourd'hui, elle n'espère rien des sœurs pour l'éclairer. Elles ont l'art de se cacher sous leurs capines et de laisser planer le mystère. Une façon de mieux exercer leur autorité, elles entretiennent la confusion sur ce qui se trame. Le secret est de règle, les attitudes fausses, les comportements tout aussi contradictoires. À son arrivée, il y a de ça trois ans, aussitôt la porte traversée du parloir, l'ascension vers les étages, la sœur passa d'une voix mielleuse à une autre dominante. On la somme de sécher ses larmes et de s'adapter vite à son statut d'orpheline. Dès l'entrée à l'orphelinat, la menace s'installe, et Marie-Denise se résigne difficilement. Il n'y a pas de place pour la dissidence.

Elle revit le fil des événements, comme si c'était hier. Figée au pied de son lit, elle regarde le dortoir vide. Sur le mur de droite, les lavabos désertés s'alignent. À ce moment de l'après-midi, leurs robinets dégoulinent sur des fonds de porcelaine tachée. Avec effort finalement, elle se dégage de son apathie et se pointe le nez jusqu'à la porte. Le long corridor d'accès au réfectoire brille plus qu'à l'accoutumée, les fenêtres étincellent dans les salles de classe qui semblent accueillantes.

Elle en oublie les pénitences et les heures gaspillées à des tâches injustifiées. Malgré l'enfer vécu jour après jour pendant des années, les humiliations de toutes sortes, les supplices imposés, l'orphelinat est devenu, malgré tout, sa maison. Une sorte de cocon. Malsain, mais un cocon tout de même. Du moins, le seul auquel se raccrocher.

Elle n'avait pas l'habitude de se réveiller si tôt. Pas avant que la surveillante de nuit ne darde la lumière éblouissante des néons sur les couchettes de métal, et que sa voix gutturale se fasse entendre : « Plus vite que ça bande de fainéantes, grouillez-vous, la messe de cinq heures ne vous attendra pas. » Ce matin, allongée dans l'obscurité, les yeux grands ouverts, elle épie les moindres bruits du dortoir endormi. Impossible de refermer l'œil, la veille on l'avait informée qu'elle aurait du parloir le lendemain matin. Pourquoi ? C'est un parloir inhabituel. Un jour de semaine. Les orphelines ne reçoivent de visite que le dimanche. Plus exceptionnel encore, il y a des lunes que plus personne ne vient la voir. Sa mère seule se présentait le plus souvent, mais elle est maintenant à Québec, où elle étudie, et n'a pas le temps ni les moyens de se pointer à l'Orphelinat de Chicoutimi. Alors pourquoi ce parloir ? Que se passe-t-il ?

Comme le chien rejeté s'inquiète du revirement du maître susceptible de lui asséner le coup de pied hypocrite, Marie-Denise avance prudemment derrière la sœur du département. Elle entend inlassablement sonner les mots qu'elle lui servait quelques minutes plus tôt : « Plus vite que ça, habille, passe ta robe, on t'attend au parloir. » Elle se répète en boucle : « Tout à coup que ce serait vrai. Et toutes ces filles que je laisserais derrière moi. Pourquoi moi et pas elles ? » Les mots qui résonnent se multiplient comme une onde sur un lac immobile : « chanceuse… chanceuse… chanceuse…

toi, tu sors de l'orphelinat ! » Puis tout s'emmêle, tout devient confus, elle qui a tant espéré ce moment, elle est heureuse, oui, mais triste à la fois, sans vraiment s'expliquer pourquoi. Il s'en faudrait de peu pour qu'elle ne se réfugie dans un petit coin pour pleurer. Alors, comme pour un premier combat, la tête en avant, elle attend que la bataille s'amorce.

Elle suit toujours sœur Saint-Éphrem, lorsqu'une ombre passe devant la vitre du parloir : elles sont arrivées. Un tour de clé et la porte s'entrouvre sur le large espace d'accueil. Elle se demande si elle pourra se rendre jusqu'au bout du corridor sans qu'une main l'intercepte en route pour la forcer à rebrousser chemin. Plus ridicule encore, si elle ne va pas trébucher, ou encore faire un geste maladroit, ou prononcer une parole de trop qui la ramènera à la case départ. Elle s'arrête et se frotte les yeux, elle ne le croit pas ! Le visage figé, les mains glacées, elle touche son front, il est de caoutchouc. Un tremblement incontrôlable envahit ses joues et ses lèvres, les anime d'innombrables soubresauts qui se transmettent à sa paupière gauche en petits spasmes désagréables. D'un mouvement confus, elle pose le pouce et l'index sur son œil, dans l'intention de l'immobiliser. Jambes paralysées, elle reste clouée sur place. Mais la voix réprobatrice connue la rattrape :

— Es-tu tournée en statue de plâtre ? Tu as la langue bien pendue d'habitude. Quand c'était le temps de faire le diable, tu ne donnais pas ta place. Allez, avance et cesse d'agir comme une « pincée ».

Ces apostrophes coutumières la ramènent sur terre. Mais pourquoi sont-elles maintenant servies à l'imparfait ? Pourquoi surtout ne sont-elles plus accompagnées de taloches derrière la tête pour la pousser vers l'avant ?

— Tu sais, tu ne seras pas une grosse perte pour nous. On va être seulement débarrassées d'une fille à problème, d'une tête dure. Tout le temps que tu as été ici, tu as fomenté le trouble, tu n'as jamais écouté personne. J'sais pas ce que tu vas devenir dans la vie. À mon idée, ce ne sera pas grand-chose, tout au plus, une fille de rue !

Il n'y a aucune possibilité de contester. Cela va de soi, la riposte condamne d'elle-même à l'avance. Il faut plier l'échine, ce qu'elle n'a jamais accepté de faire. Les deux religieuses échangent quelques mots. L'attente est interminable. Marie-Denise patiente, anxieuse, attend la suite des choses, une éternité. Celle qui lui emboîte le pas remet à l'autre un minuscule baluchon de coton qui, apparemment, contient ses affaires. Presque rien ! Puis la sœur repart à l'étage retrouver celles qui ont moins de veine. Celles qui attendent, le désir dans les yeux. Celles qui tendent les bras pour qu'une mère infertile les préfère. Puis leurs mains retombent d'impuissance, de désespoir, ce ne sera pas pour aujourd'hui. Résignées, elles se relèveront à nouveau une prochaine fois. Les années s'écouleront, et elles ne partiront pas.

Curieusement, jamais elle ne s'est dit: « Elles viennent pour moi ces mères adoptives, et si elles me choisissaient ? » Au contraire, elle se convainquait: « Je ne veux pas être choisie, j'ai déjà une famille, je n'ai qu'à ne pas être gentille pour que leurs yeux se détournent de moi. »

Enfin, tout au bout du couloir, elle aperçoit une femme de dos. Elle la reconnaît tout de suite : sa mère ! Elle l'entend parler, la voit qui se retourne souriante comme une fleur.

— Je suis venue te chercher.

— Pour toujours ?

— Pour toujours.

— Juste moi ?

— Oui, juste toi, pour le moment. On verra, plus tard, pour tes deux frères et ta sœur.

Ce n'est pas possible ! Marie-Denise regarde sa mère. Comme elle la trouve élégante. Elle lui fait penser aux riches dames bienfaitrices qui viennent de temps en temps les visiter et qui s'indignent devant leur exclusion. Elle est bien jolie dans sa petite robe rouge, sans doute à la dernière mode. Elle s'exprime avec grâce dans un français impeccable. Et les sœurs semblent en pâmoison : des « oui madame » par-ci, des « non madame » par-là. « Ce qu'elles sont hypocrites ! » La voix calme de sa mère transcende leurs jérémiades. Aucun emportement, toujours le mot juste, elle a l'art de plaire. Jamais elle n'a rencontré autant de charme. Sa mère a le tour de se faire aimer. Elle se dit qu'elle en fera tout autant pour lui ressembler.

Même si ces formalités d'apparat prennent la forme de courtoisie dissimulée, il s'agit pour tous d'une libération :

— Votre fille va nous manquer, chère madame. J'espère qu'elle se souviendra de nous.

À nouveau, ses affaires changent de mains et sont remises à sa mère qui demeure vraisemblablement surprise, interrogeant la pauvreté de leur contenu :

— C'est tout ce qu'elle rapporte ?

— C'est tout ! Vous vous attendiez à autre chose ?

Diplomate, sa mère se reprend.

— Il est vrai qu'elle a beaucoup grandi. Eh bien ! nous nous occuperons de tout ça.

Mais Marie-Denise, elle, se demande ce qu'elle pourrait rapporter parmi les choses qui ont composé sa vie de tous les jours à l'orphelinat. Tout est si laid, ici, et si anonyme, elle ne possède rien qui lui est propre. La robe, l'habillant ce lundi, déguisait le lundi précédent une autre fille, tout comme elle en métamorphoserait une suivante, le lundi en huit.

La sœur de l'accueil fait signe à sa mère de la suivre. Silencieuse, elle introduit une clé dans la serrure d'une première porte qui s'ouvre sur sa poussée, puis les invite avec affectation à en franchir le seuil. Marie-Denise se retourne et reconnaît le petit carreau fermé au haut de l'escalier. Tout ce cérémonial lui apparaît une éternité.

— Madame, je vous dis au revoir et, à vous mademoiselle, je vous souhaite bonne chance.

Étonnamment, cette sœur habituellement méprisante lui accorde toute une importance en présence de sa mère. Craint-elle qu'à l'extérieur de ces murs, Marie-Denise risque de divulguer des vérités compromettantes de ce qui se passe à l'intérieur ? Loin de contredire cette crainte, par son regard défiant et fier, Marie-Denise présente une physionomie arrogante, lui annonçant clairement qu'elle deviendra un témoin gênant du passé.

Dans cet orphelinat, il y en a des portes. Une autre, et non la moindre, la plus importante, est la dernière. Celle dont elle ne s'est pas méfiée à son arrivée. Celle qui l'a emprisonnée. Elle est là devant elle. Et elle doit la traverser. À nouveau, emprunter le grand escalier gravi en hurlant au premier jour. Revoir ces marches, montées une à une, et cette fois-ci les descendre. Dignement, car elles mènent tout droit à la liberté. Suffira-t-il d'ouvrir une porte pour cicatriser son passé ? Naïvement, elle se dit que oui, que tout est lié, qu'elle doit réussir sa sortie. C'est maintenant que tout va se jouer.

Enfin elle y arrive, il est presque là, le grand escalier. Celui qui fut l'antichambre de l'ombre, elle le retraversera vers la lumière. Elle glisse sur chacune des marches avec cérémonie. Tout en bas, une deuxième porte s'offre à elle, sombre, de bois verni elle aussi. Elle l'examine dans ses moindres détails. À travers les vitres ciselées du châssis, le soleil perce. Elle attend, comme devant la lampe d'Aladin, le prodige qui se présentera. Une sonnerie la secoue de sa léthargie, elle se retourne et aperçoit la sœur qui demeure tout au haut de l'escalier, un petit signe faussement bienveillant de la main. Sa mère appuie sur la poignée transversale, la seconde porte s'ouvre toute grande devant elle alors que, derrière elle, se verrouille la première.

La porte s'est refermée. Cette même porte qu'elle a empruntée à son entrée à l'orphelinat. Cette porte, qui a claqué si rapidement alors, prend un temps fou à le faire pour sa sortie. Et quand la clé tourne dans la serrure, Marie-Denise anticipe anxieusement son verrouillage par peur que deux mains ne viennent la rattraper et la ramener à l'intérieur. Enfin les clés s'éloignent. Alors s'installe un grand silence. Marie-Denise se jure que ce sera la dernière fois qu'on fermera derrière elle cette grande forme menaçante. À rebours, elle se rappellera encore et encore la première fois où elle l'a franchie, avec une impression de vide et un sentiment profond d'avoir tout laissé derrière, de n'avoir rien devant.

Une seule chose se présente maintenant à son esprit: trois années perdues d'une chaîne rompue qu'il lui faut rétablir. Rien entre les deux, juste l'existence de sa réclusion. Elle doit recommencer à zéro et s'inventer un présent acceptable. Sortie de cet endroit, une fois laissée à elle-même, elle appréhende la levée des consignes qui encadraient scrupuleusement son quotidien en quelque sorte. Elle est comme un papillon sous verre à l'abri des tempêtes. Voilà, la p'tite baveuse, comme on aime tant le lui rappeler, a la frousse!

Que retenir de ces années d'épouvante? Marie-Denise choisit de les oublier, d'en faire abstraction. Elle s'installe dans le déni sans comprendre que celui-ci s'associe souvent au mensonge, la douleur étant trop vive et insupportable, refusant de faire face à la tourmente.

Candidement, Marie-Denise croit que toutes ses angoisses s'estomperont comme par enchantement. Elle se demande avec raison ce qui se produira maintenant. Il lui importe d'arriver à vivre une vie normale, à se faire des amies. Mais comment? À l'orphelinat, elle n'a pas eu à choisir ses compagnes, elles se sont imposées. Qui plus est, elles se ressemblaient toutes. Avec une vie derrière elles à regretter, des souvenirs à entretenir, et un présent à embellir de rêves.

Dorénavant, tout sera différent. Elles n'y seront plus. Marie-Denise sera seule. Et comme elle se perçoit différente de toutes ces filles qu'elle rencontre dehors, entre autres chez sa grand-mère, elle est anxieuse. Elle n'a rien à voir avec ses cousines et leurs amies! Elles qui passent leur temps à se dire des secrets. Pourtant, ce ne sont que bêtises et insignifiances dont elles rient, alors qu'il n'y a rien de drôle. Marie-Denise les observe, incrédule. Il faudra pourtant qu'elle les accepte. Devra-t-elle les imiter et rire à son tour? Et si elle le fait sans savoir pourquoi, risque-t-elle d'être accusée de se moquer d'elles? Jamais elle ne sera perçue comme l'une des leurs. Elle sera confinée au camp de celles qui espionnent, qui dénigrent: une ennemie, une bavasseuse.

Paniquée, elle voit ses peurs se multiplier, se transformer, revenir en sourdine. Toujours les mêmes angoisses et les mêmes inquiétudes! Comment se comporter pour faire fi du passé? Comment composer avec l'univers des autres, incomparable au sien? Comment vivre à l'extérieur de l'orphelinat? À ces questions posées sans répit, jamais elle ne répond par le renoncement. Jamais elle ne conclut qu'il lui serait plus facile de continuer comme si de rien n'était. Les issues les plus opposées se côtoient: se soumettre, s'offrir en victime, aller à la déroute, ou lutter, s'acharner, se battre. Elle se demande enfin quoi inventer pour vivre avec ce passé. Une solution surgit alors, et s'impose: camoufler, cacher et faire disparaître la petite fille d'avant. Que l'on ne la voit plus jamais au grand jour. Et ce, même si le cercle des questions recommence et les peurs demeurent.

Elle emprunte le chemin de terre qui dévale du côté gauche de la grande bâtisse. À maintes reprises, elle scrute les fenêtres de l'aile des garçons, là où sont emmurés ses deux frères. Assistent-ils, incrédules, à sa sortie? Réalisent-ils qu'ils ont été laissés pour compte? Ont-ils la rage au cœur de constater qu'ils sont oubliés, qu'ils n'existent pas, ou si peu? Et sa petite sœur, au dernier étage des filles, sourit-elle de contentement à savoir que celle qui lui faisait si honte, la malcommode, la démone débarrasse enfin la place, lui laisse la voie libre?

Derrière elle, l'orphelinat devient de plus en plus petit. Marie-Denise se retourne fréquemment, afin de repérer le fameux endroit d'où elle envoyait des au revoir désespérés les jours de parloir. « N'oublie pas, maman, la quatrième fenêtre du cinquième étage. Tu ne pourras pas me voir, mais je serai là, et moi je te verrai. » Aujourd'hui, il n'y a personne. Avec raison, il est défendu de s'y trouver sous peine de punition sévère, et la seule tête insoumise qui transgressait cet interdit quitte maintenant les lieux. Elle examine plus attentivement la fenêtre. Elle se trompe, Nicole est derrière la vitre, la complice de sa dernière désertion la regarde. Marie-Denise l'aperçoit juchée sur le rebord du châssis de la fenêtre, les bras battants.

Sa mère, elle, ne se retourne pas. Elle avance tête haute, du moins en apparence, puisqu'elle laisse derrière ces murs trois autres de ses enfants. Elle regarde la grande bâtisse de briques rouges, avec une certaine satisfaction, contente sans doute d'avoir libérer le premier de ses petits. Mais qui prendra soin des trois autres maintenant? Qui surveillera pour qu'on les traite bien ?

Puis cette souricière d'enfants disparaît complètement de leur vue. Toutefois, elle demeure vive dans leur cœur, à plus forte raison que l'orphelinat garde toujours les êtres qu'elles aiment toutes les deux.

— Nous reviendrons, nous les ramènerons, pas vrai ?

— Oui, nous reviendrons.

— Quand, maman, quand ?

— Bientôt, sois patiente.

Elle sera patiente pour elle-même, avec sa mère, et pour eux, ses frères et sa sœur. Marie-Denise s'engage à les soustraire au plus vite de cette prison. Ils vivront un jour le même bonheur qu'elle, elle le jure. Contente de quitter les lieux, malheureuse d'abandonner les siens, inquiète aussi de ne pas savoir comment remplacer l'amitié perdue, elle éprouve une forme d'ambivalence. Il est étrange d'avoir de la peine quand on est heureux. « Rien n'est parfait », se dit-elle. Elle découvre qu'un bonheur ne peut difficilement être complet, sans qu'y soit assortie une part de tristesse et de renoncement.

L'interminable pente se détrempe et devient boueuse. Ses bas rapiécés dégoulinent sur ses souliers trop petits. Ça n'a aucune importance, la liberté est retrouvée, elle y est parvenue. Attifée d'une robe démodée, elle exhibe fièrement une ridicule coupe balai dont la sœur du département vient pour la circonstance de rafraîchir. Cette fois-ci, elle n'a pas eu à attendre la fin du mois, on lui a donné toute la considération d'une tonte individuelle, sans qu'elle soit la suivante ou la suivie. Mère Saint-Éphrem a sorti ses ciseaux, juste pour elle. Exactement comme elle l'avait fait à son entrée, pour **V54**, le numéro qu'on lui avait octroyé en guise d'identité, celui par lequel on l'interpellait chaque jour, afin de lui faire clairement sentir qu'elle était entrée dans l'anonymat. Pourtant, avant-hier, lors de sa séance de coupe de cheveux, on n'a nommé aucune des autres orphelines, ni **V53** avant elle ni **V55** après. Aujourd'hui, elle cambre les reins et demande de faire place à la reine du jour, celle qui n'a pour toute richesse qu'un sac dégarni tenant dans une seule main. Elle glisse son autre main avec fierté dans celle de sa mère.

Il pleut de plus en plus fort. Elle était persuadée qu'il faisait un soleil radieux, pour sa sortie. Elle quittait l'orphelinat, n'était-ce pas un grand jour ?

— Comment se fait-il qu'il pleuve ? Il y avait du soleil à travers la vitre.

— Non, il pleut depuis le matin, tu as mis des petites lunettes roses. Ça arrive quand on est excité et très heureux, alors on est moins attentif à ce qui se passe autour de nous. Attention, l'imagination peut te jouer des petits tours.

— Ouais, mais sortir de l'orphelinat, c'est pas ordinaire, maman, c'est pas tous les jours.

— C'est pas banal. Voilà pourquoi tu vois les choses enjolivées, ma chouette.

Elle écoute les paroles de sa mère qui ne suffisent pas cependant à la déconcentrer de ses questionnements sur ce qu'il y aura après l'orphelinat et sur ce qu'elle deviendra. Elle réalise qu'elle ne sait rien, rien, rien de ce que la vie lui réserve. Tout ce qu'elle sait c'est qu'elle sera meilleure. Il ne peut en être autrement. Après ces longues années de réclusion, la réalité extérieure paraît floue, elle la mystifie. Marie-Denise a douze ans, et des années devant elle. Il lui appartient d'en faire ce qu'elle veut.

Ainsi, elle enjolive ses premières impressions de l'univers et ambitionne de s'en servir comme repères pour apprivoiser ce monde inconnu. Elle refuse énergiquement de conserver comme éclairage les années d'horreur qu'elle vient de parcourir, puisque dans le monde où elle s'en va maintenant, ce qui s'y passera sera sans référence. Elle est déterminée à revenir à ce qu'elle était avant sa réclusion, une petite fille heureuse et enjouée, toujours positive. Et qui répète à qui veut l'entendre ce que sa grand-mère claironne sans cesse : qu'après la pluie vient le beau temps.

Marie-Denise fera tout pour être acceptée, pour se faire aimer. Et ne pas revenir à l'orphelinat. Insidieusement s'installe en elle la nécessité, l'obligation, que tout aille bien, que tout aille toujours merveilleusement bien envers et contre tous. Elle ne calcule pas les pirouettes inimaginables pour charmer et retenir l'attention. Elle veut être aimée coûte que coûte. Elle ne réalise pas le chemin tortueux dans lequel elle s'engage. Elle n'évalue pas le prix à payer pour une telle commande, ni les efforts pour y arriver. Elle embrasse grand, trop grand !

Elle ne comprendra qu'une fois adulte que vouloir être aimée par tous est une utopie. Que cet objectif commande une acrobatie frôlant la démesure. Elle en aura pour preuve la présence d'amitiés fausses, dévastatrices, avec lesquelles elle devra composer.

## 2
# Flouée

La liberté est de courte durée pour Marie-Denise. Sa naïveté aura été de croire qu'elle serait éternelle. Malheureusement, elle n'existe que le temps de traverser quelques rues, de se rendre dans un autre internat. En attendant que les portes de ce collège s'ouvrent en septembre, elle sera en transit chez sa grand-mère. Marie-Denise n'est pas au courant. Durant tout le trajet, sa mère n'aborde pas le sujet. Ce n'est qu'à quelques pas de la maison de grand-mère que le chat sort du sac:

— Je ne peux te garder avec moi pour le moment.

— Pourquoi tu peux pas? Là, je comprends pas, tu m'as pas sortie de l'orphelinat pour rien?

— Il me semble te l'avoir déjà expliqué en long et en large. Je n'ai peut-être pas été assez claire. Je ne peux pas! Je t'ai sortie de l'orphelinat avant d'être prête de mon côté, je n'ai pas eu le temps, tu ne tenais plus en place, tu désertais.

— Garde-moi avec toi, maman.

— Arrête de me tourmenter et de te tourmenter, si je t'ai dit que je ne peux pas, c'est que je ne peux pas. Je ne sais même pas où je m'en vais pour le moment: je n'ai rien entre les mains, pas de travail. Je vis en chambre chez grand-mère.

— Pis qu'est-ce que ça fait ça? Je peux aussi rester chez elle.

— Il n'en est pas question. Quelques semaines suffiront à achever grand-mère. Vous ne pouvez vous sentir toutes les deux. Ton rouspétage l'exaspère, le sais-tu ça?

— Grand-mère, tout l'exaspère.

— Ça ne donne rien de discuter. Je dois commencer par me mettre un toit sur la tête, me dénicher un travail.

— Tu m'as jamais dit que j'irais dans un pensionnat.

— Ça suffit, ne brusque pas les choses. Tu devrais être contente, tu es sortie de l'orphelinat. Tu ne peux pas tout avoir du jour au lendemain.

Marie-Denise devient muette. Elle ne trouve plus de mots pour convaincre sa mère, sans profaner le cadeau qu'elle vient de recevoir. C'est vrai qu'elle ne peut tout avoir du jour au lendemain. Mais elle a toujours pensé que quitter l'orphelinat voulait dire retrouver sa vie d'avant, sa maison, sa famille, ses amis d'enfance. Marie-Denise se remémore leurs discussions, sa mère ne lui a jamais parlé de ça, qu'elle ne la garderait pas avec elle à sa sortie.

— T'as cru me le dire, c'est pas mal différent.

— Je te l'ai dit! Ou tu n'as pas voulu l'entendre, ou tu as oublié, volontairement ou inconsciemment.

Atterrée, elle n'en démord pas: sa mère ne l'a pas prévenue. Elle tempête, en furie, il n'y a rien pour la calmer, elle crie, elle crie à s'en fendre l'âme.

— Arrête, tu vas ameuter les voisins, on dirait que je t'égorge.

— Oui, tu m'égorges. J'me suis fait organiser pas à peu près. Et j'devrais être contente, hein? Es-tu sérieuse, là? J'devrais être contente? Ben! Si tu veux savoir, j'sus pas contente pantoute, j'sus en beau maudit.

— Du calme, ne monte pas sur tes grands chevaux, Marie-Denise. Quand je te parle, tu entends bien ce que tu veux. Ou peut-être qu'égarée dans tes équipées de fugue, tu ne voulais entendre qu'une réponse.

Du coup, Marie-Denise s'assoit sur le trottoir:

— T'es pas une vraie mère. Et tu dis que tu m'aimes. J'le prends pas, j'retourne d'où je viens. Non, non et non! C'est exactement comme quand j'suis entrée à l'orphelinat, tu as emballé la patente pour que j'sache rien, que j'y vois que du feu. Du camouflage comme c'est pas possible.

— Bon, peut-être qu'à ce moment, j'admets que je n'étais pas moi-même.

— Ben oui, j'y croyais. Tu changes pas, maman, j'devrais le savoir depuis le temps: la tête dans le sable, la tête dans le sable, comme toujours.

— Alors, qu'est-ce qu'on fait maintenant? Je suis seule aujourd'hui, ton père n'est plus là. Croyais-tu que les choses seraient aussi faciles?

Pour elle, sa mère est comme ça, la spécialiste de ne dire que ce qu'elle veut bien dire. L'experte pour glisser sous le tapis ce qui risque de faire mal. Oui, c'est sa façon bien à elle de passer au travers de toute difficulté.

— Comme tu le sais, c'est toi, Marie-Denise, qui m'as obligée à revenir avant la fin de mon cours. Tu ne voulais rien entendre. Là, c'est fait, reviens-en, le temps arrangera les choses.

— Le temps arrangera rien du tout, maman, j'en peux pus, arrête de me rouler, de me prendre pour une nenoune avec ton temps qui arrangera... j'peux pus entendre cette rengaine. Et puis, quant à mon père, si tu me parlais de lui au lieu de toujours éviter le sujet, de me cacher la vérité. Il faudra en parler un jour de papa.

Toujours la même rengaine! Marie-Denise a autre chose à faire avec le temps, et ça presse: elle doit le rattraper. Sa mère imagine-t-elle un tant soit peu la vie qu'elle aurait dû lui donner? Marie-Denise lui en veut et elle n'a pas envisagé la suite des choses de cette façon. Est-ce trop demander que de vouloir être avec sa mère, après en avoir été privée durant toutes ces années?

Pour le moment, elle séjourne chez grand-mère. Alors, elle ne lâche pas le morceau. Elle bout.

— Grand-mère, tu trouves ça anormal, toi, que je veuille plus retourner pensionnaire?

— Tu ne vas pas recommencer avec tes histoires, Marie-Denise. Ouste, déguerpis, va t'amuser. Ton problème, c'est que tu penses trop.

— Et toi, pas assez !

— Fais de l'air, je t'ai dit. Polissonne.

Toutes ces cachoteries qui la hantent, toutes ces énigmes que la famille garde pour elle, et qui ont toujours le même sujet : son père ! Mais elle les démasquera ces secrets. L'attitude de la famille, au lieu de l'en dissuader, ravive sa détermination. Temporairement, elle choisit d'emprunter la recette de sa mère : faire l'autruche, se mettre la tête dans le sable. Ingénieuse façon d'endormir sa résistance. Pour le moment seulement : se taire, feindre, ou encore chanter comme sa mère pour oublier.

Malheureusement, elle ne connaît pas encore de rengaines pour solliciter et forcer le bonheur. Elle en apprendra. Et de magnifiques. Il viendra le temps de crier victoire. Elle se le jure, il n'en tient qu'à elle. Elle est affranchie, n'est-ce pas le plus important ? Malgré ses bonnes intentions, elle ne se résigne pas complètement. Pendant qu'il est encore temps, pendant tout l'été, elle en remet et revient à la charge, au grand désespoir de sa grand-mère.

— Marie-Denise, tais-toi, tu nous épuises.

En septembre, sa mère emménagera à Chicoutimi, en pension chez une vieille dame, dans une minuscule petite chambre, et Marie-Denise sera exclue de cette nouvelle demeure.

— Lui as-tu parlé de moi ? Peut-être veux-tu cacher que j'existe, que t'as une fille.

— La chambre est à peine suffisante pour y loger un petit lit. De toute manière, cette dame n'accepterait pas que je t'y amène.

— Dis-le tout de suite, elle est méchante, elle n'aime pas les enfants. Pourquoi alors avoir choisi précisément de vivre chez cette bonne femme?

— Là n'est pas la question, elle pense avoir loué à une personne seule. Laisse-moi l'amadouer. Une chose à la fois. Ne sois pas révoltée.

— J'le savais, tu ne lui as même pas parlé de moi. C'est ça. Tu ne veux pas de moi, j'suis de trop.

— Tu sais que je t'aime, alors ne dis pas de sottises. Tu verras, avec le temps, tu vas t'y faire et les choses vont s'arranger.

— Ça, j'en suis pas sûre. Pourquoi m'avoir sortie de l'orphelinat pour me jeter dans un autre, si tu m'aimes tant que ça?

— Je te l'ai dit mille fois: parce que tu ne voulais plus y rester. Pour moi, c'était un petit peu trop tôt, je n'étais pas tout à fait prête. Et dans ce collège, je me disais que ce ne serait pas l'orphelinat, que ce serait différent. Tu y feras ton cours classique. De toute façon, tu n'y seras pas pour toute la vie.

— Ça fait combien d'années, ça, le cours classique? Hein? Moi, je le sais, ça fait huit ans. C'est long, très long, je serai déjà grande à la fin. C'est ça « toute la vie »!

— Arrête de critiquer, c'est le meilleur collège qui existe dans toute la région.

— Je m'en fiche que ce soit le meilleur collège.

— Allez, allez, dis-toi que c'est une occasion en or pour toi de rattraper le temps perdu. Ce sera différent, tu auras des compagnes éduquées, qui viennent de bons milieux. Tu apprendras les belles manières et aussi un langage soigné. À douze ans, il n'est pas trop tard, mais dis-toi que c'est plus que le temps.

— Je le savais: avec de « belles manières et un langage soigné », tu veux que je *perle*, c'est ça? Des snobs, des pimbêches. Tu viens de l'admettre toi-même. Je n'irai pas, p-a-s ! Un point, c'est tout ! Je n'irai pas.

Marie-Denise se sauve et claque la porte arrière de la maison, dévalant l'escalier vers la cour. Sa grand-mère apparaît sur le balcon, les masses en l'air :

— Marie-Denise, tu vas démolir mon moustiquaire. J'suis tannée, là, vraiment tannée. Qu'est-ce t'as mangé, de la vache enragée ?

— C'est maman, elle veut se débarrasser de moi. Elle me fait chier.

— Oh ! les gros mots, je ne veux pas entendre ça sous mon toit. Excuse-toi, et plus vite que ça !

Grand-mère est exaspérée par les humeurs inégales de Marie-Denise, par cette rage qui l'habite et qui dérange tout le monde. Sa mère, elle, garde son calme, elle le garde toujours d'ailleurs. Quelles que soient les fredaines de Marie-Denise, elle ne s'emporte pas, ne sort pas de ses gonds.

— Grand-mère, écoute-la, elle chante, elle me fait chier. Tout ce qu'elle trouve à faire, c'est des vocalises.

— Mais dis donc, c'est une habitude de dire ce vilain mot.

Une fille aussi mal engueulée, têtue et mal élevée, grand-mère crie qu'elle n'endurera pas ça longtemps. Elle l'a rapportée à sa mère, car celle-ci atterrit dans la cour pour lui serrer les ouïes :

— Calme-toi et entre à l'intérieur que je te parle.

Marie-Denise grimpe l'escalier quatre à quatre, regarde incrédule cet univers d'où on la chasse. Elle tremble de rage, sans savoir que cette rage qui l'habite ne la quittera plus. La gorge nouée, elle pleure. Reniflant, le nez plein de morve, elle attrape le chat sur ses genoux. Charlot ronronne, reçoit ses caresses, sans lui retourner les siennes. Peu importe, elle sent qu'il la comprend, lui. Sa mère prend le temps de revenir et de lui expliquer doucement.

— Comme tu es pressée. Tu exiges tout, tout à la fois. Attends de voir ce qui va se passer. La situation est temporaire. Je ne peux présumer de rien pour l'instant. Après être passée par l'orphelinat, considère-toi privilégiée d'être admise à ce collège. C'est une chance ! Maintenant, il te faut réussir l'examen d'admission, rien n'est encore gagné.

— Eh bien, si c'est une chance, compte sur moi pour le rater, ton examen.

Un flot d'images surgissent dans sa tête, images d'un passé éprouvant : le dortoir, le réfectoire, les corridors, les nuits à se protéger, les jours à attendre qu'on vienne la chercher. Un avenir décevant, une autre réclusion, quelle absurdité ! Elle était loin de s'attendre à un tel dénouement, après tous ces détours pour retrouver la liberté, pour vivre dans une vraie maison, une vraie famille, et jouir d'une vraie mère. Impuissante, elle fond en larmes.

Voilà comment se passe sa sortie de l'orphelinat : un grand bonheur enrobé d'une amère déception. Sans répit, sans avoir fait le plein de tendresse, elle quitte les sœurs pour d'autres sœurs, une prison pour une autre. Un collège où elle sera pensionnaire : du pareil au même, encore l'internement. Elle ne peut se résigner. Elle en veut à la terre entière, à sa mère et sa grand-mère. C'est donc sur elles que se déverse le trop-plein de son exaspération.

— Bon, tu vas faire encore longtemps du boudin toute seule dans ton coin ?

— Grand-mère, je te le dis à toi, je vais tout faire pour le rater ce maudit examen d'admission.

— D'abord, parle mieux que ça, ma p'tite fille. Si ça a de l'allure : on ne dit pas « maudit », c'est un gros mot. Je désespère de tes attitudes négatives et de la misère que tu donnes à ta mère. Ça t'avance à quoi toutes ces colères inutiles, ça te donne quoi de te morfondre et te rebuter contre une situation temporaire. Tu vas passer par là, quoi que tu fasses, tu n'y échapperas pas. Fais donc une grande fille de toi.

Que veut dire grand-mère par « temporaire » ? Elle se questionne sur ce qu'elle a derrière la tête, mystère absolu. Si...si... ? Ses appréhensions se multiplient à une vitesse folle. Elle va jusqu'à conclure qu'on envisage peut-être de la retourner là d'où elle vient. Elle ose à peine y penser. Comme son manège d'obstination ne marche pas, elle se demande si elle a le loisir de se conformer ou pas. Entre deux calamités, l'inconnu s'avère peut-être le meilleur choix. Marie-Denise regarde sa mère qui vient d'entrer, inconsciente de son trouble. Elle sent sur elle la menace du retour en arrière. Il vaut peut-être mieux montrer patte blanche, se taire et accepter. Car, on ne sait jamais avec grand-mère ce qui se mijote.

# 3
# Orphelinat ou pensionnat ?

Son intuition se confirme, d'autres épreuves sont à l'horizon. Celles d'où émanent des douleurs plus fines, plus subtiles, mais aussi plus cruelles, qui blessent davantage, qui humilient et découragent tout espoir. Non pas occasionnées par des sévices physiques, celles-là, mais de celles qui sapent la base même de la confiance en soi.

Marie-Denise apprend que le collège où elle est hypothétiquement admise offre, outre le cours classique, la première année du primaire. Et il est fortement question que sa mère y décroche une classe, qu'elle y soit titulaire.

— C'est un collège pour les grandes, pas pour les bébés de première année ? Et pourquoi on n'y donne que la première année et non pas la deuxième ? J'vois pas le rapport avec le cours classique, maman.

— Le plus souvent, ces petites ont une grande sœur au collège. Pour d'autres, elles n'ont pas l'âge scolaire requis.

Sa mère explique aussi que les sœurs argumentent que toute petite fille de bonne famille se doit d'être bien partie pour réussir dans la vie, et que le système public n'y concourt pas.

— J'te crois pas. T'es sérieuse, là, maman ? T'es d'accord avec ça, toi ?

— Attends, attends, je n'ai pas dit que j'étais d'accord. Et je n'ai pas à être d'accord ou pas, je te répète seulement ce que les sœurs prétendent.

Une religieuse dévouée à la cause, jouissant d'une réputation sans reproche et d'une expérience chevronnée, éduque ces perles de la société. Tous les parents s'entendent: « Cette religieuse a les qualités pour réussir à merveille, sans trop les brusquer, à les acheminer en douceur vers un statut de véritables petites demoiselles. »

— « Petites demoiselles », qu'est-ce qu'on n'entend pas? Dis plutôt que ce sont des privilégiées!

— Ne saute pas trop vite aux conclusions. C'est certain que très souvent dans la vie, si on a les moyens, les choses peuvent être différentes.

— C'est pas croyable!

Ce que Marie-Denise déduit, c'est que ces familles bourgeoises ne veulent pas précipiter leurs petites princesses surprotégées en dehors du nid douillet en les exposant à la cohue populiste. Ce qu'elle comprend moins, c'est que sa mère soit en accord avec cette façon d'agir. Sans doute par accommodement, car elle a déniché un travail d'institutrice.

— La mère Saint-Gabriel ne suffit pas à la tâche, la demande est trop forte: soixante-dix inscriptions pour la prochaine année. Je vais donc l'assister, la seconder et enseigner avec elle aux petites de première année. Tu vois l'importance de réussir ton examen d'admission. Tu ne veux tout de même pas que j'aie honte de ma grande fille.

Elle vise en plein dans le mille, la prendre par les sentiments et par l'orgueil. Elle n'a pas le choix, mieux vaut réussir ce foutu examen pour ne pas faire honte à sa mère.

Marie-Denise est finalement admise dans cet établissement où son amour-propre en prend un coup. Elle se fait rappeler jour après jour, avec subtilité, que ses compagnes sont auréolées à la naissance par l'hérédité du pouvoir, et que Marie-Denise, elle, vient d'un milieu différent:

— Ici, vous êtes avec des filles bien. Je sais que la vie vous a obligée à côtoyer des jeunes filles moins convenables, mais vous devez vous rattraper.

— Mais, ma sœur, je ne comprends pas ce que vous voulez dire. Mes amies étaient très convenables.

— Et leurs parents, vous en saviez quelque chose? Réfléchissez un peu, dans cet endroit, les enfants étaient abandonnés par des filles-mères, des pères en prison, des alcooliques, des petites gens, des ouvriers... Il n'y a pas de sots métiers, je le sais, mais ici, les parents sont médecins, avocats, juges. Des gens bien, quoi!

— Moi, je n'étais pas abandonnée: j'avais, j'ai toujours, une mère et un père.

— Je n'ai pas dit ça, je vous demande seulement d'ouvrir les yeux et de constater par vous-même la différence.

Marie-Denise ne trouve pas quoi répondre. Il est vrai que son père a disparu. Mais ce n'est pas vrai qu'il l'a abandonnée. Non, il va revenir, il a promis. Elle ne peut tout de même pas lui dire ça, ni contester, la sœur détient l'autorité; alors elle ravale. Tout de même, elle flaire des préjugés à l'égard de ses anciennes compagnes. Elle ne saura que beaucoup plus tard que ces parents supposément bien, comme dit la sainte sœur, peuvent être aussi filles-mères, anciens prisonniers, saoulons, et se soustraire aux lois avec de l'argent. Enfin, Marie-Denise envisage un pensionnat qui se présente quasi plus douloureux que l'orphelinat, puisqu'il sera assujetti à la honte, à la peur de ne pas être acceptée, de ne pas être aimée, d'être mise de côté.

Comme prévu, sa mère obtient le poste. Lentement, elle découvre la rouerie des sœurs. La mesquinerie se révèle petit à petit: les élèves de première sont officiellement sous l'égide de la réputée sœur Saint-Gabriel. Mais il en va tout autrement dans la réalité où les tâches d'enseignement reviennent à sa mère. Ce que Marie-Denise ne sait pas encore, c'est que sa mère a négocié cette condition subalterne pour un salaire de misère, en grande partie pour compenser le coût de la pension et des études de sa fille. Marie-Denise est en quelque sorte la pupille du collège, en situation d'exception. On lui laisse entendre qu'elle n'est pas à sa place, qu'elle est à la remorque de la bienveillante charité de la communauté. Du moins, c'est ce qu'elle ressent dès son arrivée, alors que la sœur économe, le nez en l'air, lui précise:

— Vous êtes bien privilégiée.

Le temps passe, mais la vie au collège s'avère de plus en plus difficile. Aussi se greffent à cette réalité le souci du dépassement perpétuel, l'obsession d'être la meilleure doublée de la crainte épuisante de ne pas y arriver. Les filles échafaudent leur vie courante sur un cancanage que Marie-Denise trouve insupportable, elles utilisent tous leurs temps libres à parler de mode et à colporter des ragots les unes sur les autres. À se bitcher à qui mieux mieux, dès que l'une d'elles passe dans la gang ennemie. Elles se gargarisent de dénigrements sur telle fille qui sortirait avec tel gars, sur telle autre qui est affreuse, grosse, repoussante, moins bien habillée, qui sent le cani. Et on rit, et on en rit.

— Est-ce que tu sais ce que ça veut dire, «sentir le cani», maman?

Chose certaine, ça ne doit pas sentir très bon, car la fille est drôlement ridiculisée et mise à part. Étranges, tous ces qualificatifs. Marie-Denise ne s'habitue pas à ces commérages insignifiants. Elle n'en revient pas de constater la cruauté de certaines. Marie-Denise, qui ne s'intéresse pas le moins du monde aux garçons, qui ne connaît rien à la mode, a une misère noire à s'intégrer. Ces injures gratuites, elle ne les prend pas, au contraire, ça la désole. Ces filles sont d'une telle méchanceté entre elles qu'on les croirait en confrontation perpétuelle.

Mais la dissidence l'associe incontestablement à l'adversaire: on la regarde comme une extraterrestre, on la confine au camp ennemi. Et ce n'est pas peu dire, la routine est si pénible que Marie-Denise se surprend, certains jours, à regretter le temps de l'orphelinat. Là où elle n'avait pas honte, là où elle se sentait comme tout le monde. Là où aucune envie d'être autrement ne l'effleurait, où s'ériger en « fier-pet » ne servait à rien et où seuls ses frères l'intéressaient comme garçons.

La conduite de ses compagnes, que Marie-Denise qualifie de superficielle, prend de plus en plus d'importance. Elle finit par avoir un tel effet sur elle qu'elle arrive mal à s'en expliquer les raisons, elles sont ambigües et contradictoires. Elle juge ses compagnes, et voilà qu'elle veut leur ressembler. Curieusement, avant, elle aimait ce qu'elle était, elle se trouvait belle, drôle, intelligente, à tout le moins supportable. Jamais au grand jamais ne lui était venue l'idée de se déprécier, de vouloir se différencier des autres. À l'orphelinat, elle trouvait que toutes les filles étaient présentables, ou du moins aussi ridicules les unes que les autres. Que s'y soit glissée une fille aux cheveux longs passait toujours, et ce n'était que temporaire. Elle était « la nouvelle » et toutes étaient certaines que, quelques heures plus tard, elle porterait leur tenue – la robe rafistolée, les bas raccommodés, les cheveux en balai. Elle se rappelait clairement lorsque sa lourde tresse avait glissé sur le plancher. Sœur Sainte-Souf s'était dite impressionnée par la multitude de blond et de roux qui s'y trouvait. « Ils n'ont jamais été coupés depuis que je suis toute petite. » Empathique, elle l'avait informée avec regret que « toutes les pensionnaires doivent garder les cheveux courts ». À genoux devant sœur Sainte-Ef, tête baissée, Marie-Denise attendait, résignée. La sœur s'y était prise à deux fois. C'est qu'ils étaient épais, ces cheveux, toute une crinière ! Ici, tu seras comme toutes les autres, pas de place pour la vanité.

Ils n'ont pas encore beaucoup repoussé, ses cheveux, depuis sa sortie. Et Marie-Denise porte toujours la séduisante coupe de cheveux égalisée au carré par le ciseau de son départ de l'orphelinat. Sa petite barrette toute sage tient encore son balai de côté. Mais au collège, elle est dans un autre monde, un monde à part, où règne une compétition de tous les instants. Rien n'a autant d'importance que le look; rivaliser contre toutes, afin d'obtenir la cote de popularité la plus élevée. On ne parle que d'apparence, une obsession! La cloche n'est pas aussitôt sonnée que Cosette se rue à la toilette pour remettre du mascara, du fard à joues, redessiner le contour de ses lèvres, sans qu'elles en aient pourtant perdu la forme, et crêper ses cheveux. Au début, Marie-Denise s'en fichait éperdument, inconsciente de détonner, mais aujourd'hui, elle sent que quelque chose ne va pas dans sa coiffure et qu'elle est la risée de la classe. Mais elle ne trouve pas comment s'en défaire. Parfois, il lui vient de drôles d'idées, prendre un élastique et se fabriquer un ramassis de cheveux tout droits sur la tête, une manière de petit palmier qui rebondirait de chaque côté. Juste pour attirer l'attention, juste pour intriguer, ou pour choquer.

Être à la mode du jour veut dire aussi critiquer, rejeter d'emblée le règlement et, en premier lieu, tout ce qui vient des sœurs. Que ce soit les cours qui assomment; les activités qui abrutissent; la nourriture qui n'est pas mangeable, tout, tout doit être dénigré, sinon on devient suspecte.

— Je suis tannée de toutes leurs niaiseries. J'ai pas envie de chialer ou de critiquer tout le temps, maman.

— Tiens tiens, c'est nouveau ça!

— Avec toi, c'est pas pareil. J'ai mes raisons. Mais ces filles m'empoisonnent la vie. Elles pensent et parlent toujours de leur allure. Moi, ça me rend malade. Si c'est ça être dans le vent, on repassera. Quelle perte de temps!

— Mais c'est comme ça des filles entre elles, tu sais.

Marie-Denise a plein d'autres idées en tête que de se regarder marcher ou de considérer l'effet qu'elle laisse sur son passage. Elle se ravise parfois, seulement parce qu'elle aimerait bien avoir une amie. Et le prix pour être choisie semble passer par l'acceptation des autres.

Elle estime tout de même que ce prix est très élevé. Surtout quand un de ces quatre, une pensionnaire regarde son assiette avec écœurement.

— Eurk ! Tu ne vas pas avaler ça, toi, c'est de la merde pas mangeable.

Il y a de la soupe, de la viande et du dessert. Gastronomie inconnue pour elle à l'orphelinat, où le chiard aux patates pilées et *baloney* en cubes accompagnait le pain moisi. Ici, elle découvre l'abondance et s'initie à de nouveaux menus qui lui conviennent parfaitement. Surtout, elle trouve ça fatigant de faire toujours le bec fin.

— Comment peux-tu avaler des écœuranteries comme ça ? On dirait que t'as jamais rien mangé.

Marie-Denise a presque honte d'ouvrir la bouche, encore plus de manifester un quelconque empressement, alors que l'appétit est pourtant là. Un point de plus qu'il lui faudra surveiller. Dorénavant, moins d'enthousiasme aux repas pourrait éviter la perplexité de la part de ses camarades. Se fondre à leurs habitudes : manger sans avoir l'air d'avoir faim, ramasser de temps en temps un morceau de droite à gauche, arborer un air dédaigneux sur son assiette, et surtout y laisser des restes.

Les repas sous contrôle, il importe maintenant de réaliser d'autres efforts pour passer inaperçue, car c'est toujours vers elle que va le reproche :

— Tenez-vous droite. Enlevez vos coudes sur la table. Placez votre couteau sur le bord de votre assiette, la lame vers l'intérieur. Un peu de savoir-vivre serait loin d'être exagéré, ça vous profiterait.

Et avec un air méprisant, la sœur d'ajouter :

— Il vous faut apprendre les bonnes manières, mademoiselle, tout est à faire.

La sœur doit avoir raison, car elle se souvient que grand-mère avait dit quelque chose du même genre, un jour. Qu'ils avaient perdu toutes leurs bonnes manières à l'orphelinat. « De vrais petits sauvages ! » Grand-mère se demandait parfois s'ils n'arrivaient pas du fin fond des bois.

Mais grand-mère a, elle aussi, ce petit air prétentieux tourné vers le faux-semblant.

Marie-Denise se demande pourquoi sa mère l'a précipitée dans un tel endroit, là où il n'y a que les apparences qui comptent. Elle a la conviction d'être dans un théâtre de marionnettes. Malgré sa répugnance, Marie-Denise en arrive enfin à admettre que, oui, ce sont ses mauvaises manières qui la trahissent. À elles seules, elles témoignent de son passé. Alors il presse de s'y atteler et d'en acquérir d'autres. Si elle veut à tout prix l'effacer, ce passé, il lui faut irrémédiablement entrer dans le rang.

Les habitudes s'installent et elle comprend petit à petit la dynamique du collège. Outre la routine du lever et du coucher tôt, des ablutions rituelles, la journée défile sur les cours et l'étude. Mais c'est en dehors des moments formels que tout se passe, du moins ce qu'il y a de plus important. Une gang, une dizaine de filles tout au plus, mène la destinée du collège. Tantôt de même appartenance, tantôt de bandes rivales, elles assujettissent toute nouvelle venue. Par surcroît, elles ont le champ libre, car les sœurs les valorisent. Elles représentent la progéniture des notables de la ville, l'élite. Indubitablement, Marie-Denise finit par les intriguer. Vis-à-vis de ses compagnes, elle demeure une énigme qui leur échappe. Elles se rendent compte du comportement de la sœur économe à l'endroit de cette nouvelle, mais ne peuvent rien conclure pour le moment. Plusieurs se questionnent sur son statut particulier et son traitement spécial en quelque sorte. Elles se demandent qui elle est ; il y a quelque chose d'inusité chez elle, mais quoi ?

Ce qu'elles ne savent pas, c'est que cette fille porte en elle un secret bien caché qui se résume à être « une sortie de l'orphelinat », ce qui équivaut à « une sortie de prison ». Il incombe à Marie-Denise de cacher cette réalité à tout prix. Sa vie consiste donc à feindre, de sorte qu'on ne découvre rien de ce qu'elle dissimule résolument. Ce choix comporte évidemment son lot d'inconvénients, notamment la peur d'être démasquée. Elle doit se méfier de tout un chacun, ne faire confiance à personne. Leurs regards, leurs sous-entendus, leurs questions indiscrètes lui commandent une acrobatie de tous les instants. Absorbée, elle demeure tout le temps à l'affût. Bien entendu, elle cherche farouchement comment remédier à cette situation dramatique. Ce qu'elle trouve de mieux est de se tenir à l'écart, de se soustraire à la moindre tentative d'amitié, de s'éclipser devant toute démarche en ce sens. Vivre au jour le jour de diversion, d'isolement et de déni est rapidement infernal.

# 4
# Céline

Il y a une fille dont le nom est sur toutes les lèvres. Simplement parce qu'elle est belle. C'est aussi la seule fille qui n'a jamais apostrophé Marie avec suspicion pour la questionner : « Ah ! C'est toi la nouvelle, t'étais où avant ? Tu viens de quelle école ? » Non, elle n'a rien dit de tout cela. Céline ne demande pas, elle écoute. C'est sans doute en partie pourquoi elle suscite l'intérêt de Marie-Denise. Mais aussi parce que quelque chose l'intrigue davantage : elle semble aussi isolée qu'elle. Marie-Denise ne saisit pas, car cette fille a tout pour naviguer avec aisance dans ce monde de compétition féroce !

Céline est jolie, vraiment très jolie. En fait, c'est la plus ravissante fille de la classe. Toutes sont unanimes. Sa grâce ajoute à sa perfection. Elle va comme ça, sans la moindre affectation, sans artifice aucun. Au contraire, dépouillée au plus haut point, elle se contente d'exister. Céline a une peau de velours, on dirait une pêche lisse et douce. Aussi brune que Marie-Denise est blonde, elle a les cheveux laqués qui tombent tout droit, sans frisettes gênantes comme les siens. Ils encadrent un visage remarquable, où des yeux ténébreux observent en retrait, ébahis par un je ne sais quoi. Longiligne sans exagération, juste assez charnue sans être replète, elle semble avoir été mise au monde pour être regardée. Marie-Denise amplifie bien sûr toutes les qualités de Céline et croit qu'elle n'a aucun défaut. Il n'en faut pas plus pour qu'elle se sente transportée, se demandant comment un être aussi parfait puisse exister. Rien de moins pour que Céline devienne son modèle, pour que Marie-Denise effectue des pirouettes pour attirer son attention.

Déterminée à devenir l'amie de Céline, Marie-Denise y met l'énergie du diable pour y arriver. Au départ, sa stratégie consiste à l'évaluer à distance et à soupeser ce qui les différencie. Ce faisant, elle découvre ainsi des points susceptibles de les rapprocher : entre autres qu'elle ne semble pas affectionner les gangs et qu'elle s'en tient à l'écart, tout comme elle. Marie-Denise place minutieusement ces observations dans la colonne des plus et elle tentera de les exploiter au moment opportun. Pour l'instant, il vaut mieux maintenir une certaine prudence, car Céline pourrait lui glisser des mains. Ce qui compte, c'est de tisser un à un des fils suffisamment serrés pour qu'ils se tiennent, sans accroc, sans laisser de mailles s'échapper.

Marie-Denise ne sait pas tout à fait ce qu'aimer veut dire. Mais voilà qu'elle croit être amoureuse de Céline ! Elle en a pour preuve qu'elle n'a qu'elle qui l'habite. « Ça doit être ça, le grand amour, lorsque plus rien n'existe d'autre autour de soi ! Elle est tout pour moi, elle est unique, le reste ne compte plus ! » Céline meuble ses pensées jours et nuits : posée, envoûtante, apaisante.

Il suffit que Marie-Denise l'aperçoive pour qu'elle se retrouve dans un état second. Le soir venu, elle rêve à elle. À celle qui ne soupçonne pas le moins du monde son tourment. Marie-Denise nourrit son secret des plus folles envolées. Elle se surprend à imiter avec désinvolture ses tics et ses gestes, repoussant, comme son amie le fait, sa nouvelle mèche de cheveux si longtemps attendue. Elle s'imagine embrasées du même feu, liées par le sang, dans une amitié éternelle. Elle simule leurs échanges, bercés au rythme de leur affection, se réveillant la tête remplie d'elle, déterminée à ce que le jour nouveau veuille bien orienter un dénouement en sa faveur. Ainsi, elle ne vit que dans l'espoir de lui plaire, persuadée que quand on désire autant quelque chose, il arrivera infailliblement un jour.

Depuis le début du semestre, Céline l'ignore tout simplement. Marie-Denise vivote, se contentant de la regarder passer. Sa mère se questionne sur le temps que sa fille met pour se faire une amie :

— Pourquoi est-ce que tu tiens tant à cette Céline ? Elle n'est pas la seule fille dans cette école, il doit bien y en avoir d'autres tout aussi intéressantes, non ?

— C'est sûr qu'il y en a d'autres. Tout aussi attirantes ? Je ne crois pas.

— Pourquoi cet entêtement sur cette fille-là en particulier ?

— Est-ce que je sais, moi ? Tu ne connais rien, maman. Tu n'as jamais rencontré, toi, une fille aussi exceptionnelle.

— Ben non, moi, je suis née de la dernière pluie et je n'ai jamais rien vu. Là, tu m'inquiètes, Marie-Denise. Tout ce que je veux, moi, c'est que tu ne sois pas sur une mauvaise piste.

Est-ce que ça vaut vraiment la peine de riposter ? De dire à sa mère que tout ça revêt une importance capitale, parce qu'elle a toujours été seule dans son coin depuis son arrivée dans ce sapristi collège, et que devenir l'amie de Céline lui conférerait un statut envié. Qu'elle déroberait à chacune l'ambition de devenir l'amie de la fille la plus admirée de la classe. Et comme Céline est agrégée et reçue par le groupe, Marie-Denise ne serait plus rejetée, sans nécessairement être des leurs.

Mais voilà, Céline reste indifférente. Marie-Denise ne démissionne pas, elle demeure naïvement convaincue que ses désirs se répercuteront sur les siens tôt ou tard. Sans en connaître les rudiments, elle devient adepte de télépathie, interprétant ses silences et son indifférence comme prometteurs. Oui, elle sera son amie, un jour, la chance lui sourira, elle le pressent.

À la salle d'étude, ce soir-là, une nouvelle religieuse, sœur Sainte-Claire, assure la surveillance. Marie-Denise traîne nonchalamment sur un travail déjà terminé qui lui permet de rêvasser, puisqu'il doit être remis dans quatre jours seulement. Crayon levé, elle n'a de cesse de regarder Céline. Jamais, au grand jamais, elle n'a contemplé quelqu'un d'aussi agréable. Au lieu de changer de travail, de s'avancer et de bûcher sur l'indéchiffrable thème latin à remettre la semaine suivante, elle se met à crayonner l'ébauche de son visage en l'observant du coin de l'œil. Toujours dans sa bulle, elle rend hommage à ses longs cils fournis, tout en grossissant un tantinet ses lèvres charnues. Céline sent-elle l'insistance de son regard ? Peut-être ! À sa grande stupéfaction, celle-ci se retourne vers elle. À ce moment précis, elle perçoit dans ses yeux l'acceptation. Au même instant retentit dans la salle son nom et sœur Sainte-Claire d'ajouter pompeusement : « Mademoiselle Marie-Denise, apportez-moi le travail sur lequel vous vous concentrez avec tant de ferveur en ce moment. »

Piteusement, elle se lève, se dirige vers l'avant de la classe et dépose avec retenue le dessin du frêle visage de Céline, priant le ciel pour qu'il soit disparu. Paralysée de honte, confuse, elle regarde désespérément sœur Sainte-Claire, l'implorant de ne pas montrer son chef-d'œuvre devant public. Celle-ci regarde le papier présenté, feignant d'y lire un texte captivant, puis elle le plie en deux et le lui remet.

— Votre travail est sur la bonne voie, retournez à votre place, ma fille et, comme vous semblez être en avance sur vos travaux, attaquez autre chose avant la fin de l'étude. Qu'en pensez-vous ?

Marie-Denise lit dans son regard l'amabilité d'une religieuse complice. Soulagée, elle redouble d'énergie afin de terminer son thème pour l'heure de levée. Évidemment, à la sortie, les autres filles la pourchassent : « Oh ! Oh ! Qu'est-ce qu'il y avait sur ton papier ? Tu t'es fait prendre en flagrant délit. » Marie-Denise a bien envie de les envoyer promener. Mais elle est trop saisie pour répondre quoi que ce soit. Aussi, elle ne veut pas se les mettre à dos et encore moins leur confier le sujet de son singulier papier. Elle n'entendra pas parler de cet écart de conduite. Ce qu'elle en retiendra est la découverte d'une alliée en sœur Sainte-Claire. Il existe une religieuse en qui elle peut avoir confiance. Ça, ça la réconforte.

Quelques semaines plus tard, accotées sur le mur de la salle de toilette, la détaillant tour à tour, les filles affichent un petit sourire malveillant alimenté par les commérages du moment. Marie-Denise se méfie. Surtout depuis que la grande Solange, la tête forte du collège qui fait valser les sœurs à tour de bras, tourne sans se gêner autour de l'amie recherchée, au vu et au su de tout le monde. Elle est déçue de constater que Céline est à leurs côtés, ça ne lui inspire pas confiance. Qu'elle fasse partie de ce groupe rebelle n'est pas dans ses habitudes. Elle ne se tient pas avec la gang. Et c'est pourtant à ce moment même que Céline lui sourit. Ce sourire est-il une erreur ? Ce sourire est-il délibéré ? Ne voulant pas passer pour le dindon de la farce, Marie-Denise se tourne vers la fenêtre. Mine de rien, elle fait semblant de s'intéresser à ce qui se passe à l'extérieur. Mais la vitre lui renvoie le fameux sourire. Incrédule, Marie-Denise tente d'en déchiffrer l'intention véritable.

Elle reste là, alterne sur une jambe et sur une autre, ne sachant où mettre les bras, les croisant et les décroisant sans arrêt. Consciente d'adopter l'attitude de l'experte gaffeuse, elle sent le plancher se dérober sous ses pieds. Les meneuses de la classe la désarçonnent. Marie-Denise se retire à l'écart; elle voudrait tant trouver la force de soutenir leur insolence. L'idée de leur opposer le mépris, de les ignorer ou d'opter pour l'indifférence ne l'effleure même pas. Mais voilà que Céline rapplique et la regarde droit dans les yeux. Son sourire s'adressait vraiment à elle, à n'en point douter.

Maintenant, Céline la considère: le miracle s'est opéré! L'être tant adulé s'intéresse tout à coup à elle. Effarouchée, c'est à son tour de reculer. Bien qu'elle en ait follement envie, il est hors de question pour elle de le lui retourner clairement. Elle a peur que son intérêt dissimule la moquerie, pire, qu'il maquille une quelconque commande de la gang. Mais ce n'est pas le cas, et ce, même si Céline ne lui adresse pas la parole. Ce jour-là, elle passe son chemin tout gentiment, après lui avoir remis discrètement un bout de papier: «J'aimerais être ton amie.»

Le lendemain, Marie-Denise entrevoit Céline au fin fond de la salle de classe. À nouveau, elle esquisse un petit sourire et elle y joint, cette fois-ci, un signe de la main. Incrédule, Marie-Denise se retourne une fois de plus pour vérifier si ce geste ne s'adresse pas à quelqu'un d'autre, se demandant toujours pourquoi Céline s'intéresserait à elle. Pas de méprise, il n'y a personne derrière elle. Elle appréhende tout de même ses déplacements dans sa direction. Des mouvements contradictoires d'attirance, d'évitement et de rapprochement les amènent finalement côte à côte. Bêtement, Marie-Denise lui demande:

— Tu n'es pas avec tes amies.

— Quelles amies? Pour ton information, ce ne sont pas mes amies, comme tu dis.

Elle appuie sur le mot «amies».

— Et Solange? Elle qui te suit partout, comme un chien de poche, ce n'est pas ton amie?

— Est-ce que tu as compris mon message?

Ce qu'elle s'estime bébête d'avoir fait un pareil commentaire qui livre de manière aussi claire son attachement! Cramoisie, elle cherche à tout prix à se rendre intéressante et à retenir l'attention de Céline. En vain, les mots ne sortent pas de sa bouche. Ouf! Céline brise la glace:

— Pourquoi on t'appelle Marie-Denise?

— Parce que c'est mon nom, celui qui est inscrit sur mon baptistaire.

— Moi, je garderai juste le premier: tu seras Marie tout court! Alors, on retourne en classe, Marie.

— Va pour Marie tout court!

Céline a déjà un ascendant sur elle, une emprise! Troublée, Marie-Denise s'inquiète de cette rapide prise de possession, mais n'y voit que du feu: le privilège d'être choisie est si fort. Et elle accepte avec joie d'être «Marie tout court» pour elle, et pourquoi pas pour tout le monde. Une réelle connivence s'installe entre les deux filles. Elles s'attachent l'une à l'autre et deviennent de grandes complices: où est Marie se trouve Céline, où est Céline se trouve Marie. Une chimie se produit, voilà! Curieusement, elles se ressemblent et Marie se reconnaît en elle. Parce qu'elle l'a pleinement assumé, elle sait qu'elle est maintenant capable d'établir une relation amicale.

Elles partagent tous leurs temps libres, Céline devient sa référence quotidienne. Marie sait que son passé à l'orphelinat ne pourra s'effacer, mais qu'une bonne confidente pourra l'aider à réparer les traces laissées, à en atténuer les séquelles.

— Maman, Céline est réellement mon amie.

— Enfin, tu sors de ta coquille!

— Tu sais, elle écoute tout ce que je lui raconte avec patience et est intéressée par ce que je lui dis.

Céline lui renvoie une image positive de ce qu'elle est, de ce qu'elle peut être ou devenir. Marie sent qu'elle est prise en haute considération.

— Elle me laisse entendre que tout est possible, que je suis capable, que je suis beaucoup plus belle que je ne le pense. Et qu'il faut aller au bout de ses rêves.

— Regarde, Marie, regarde les pivoines qui sont presque en fleurs.

— Oh, comme elles sont belles !

— Elles ne te rappellent pas quelqu'un ?

— Ben oui, papa, voyons, c'est lui qui les a plantées.

Il est là, son rêve à elle : le retrouver un jour. En attendant, un autre rêve serait de parler de lui à son amie. Elle déblaie tranquillement le terrain et tend la main à d'autres confidences.

# 5
# Tenace

Marie se cherche. Le souvenir de son père ne cesse de l'habiter. Quatre ans maintenant qu'il est parti ! Quatre ans de mystère complet sur ce qu'il est advenu de lui. Un sujet tabou auquel personne ne fait allusion. Tout fonctionne comme s'il n'existait pas, comme s'il n'avait jamais existé. Et Marie, elle, ne démord pas de l'idée qu'il réapparaîtra un de ces quatre au volant de sa rutilante Ford noire qu'il appelait affectueusement Betsy, qu'il ouvrira la porte, sourira de ses belles dents blanches et dira : « Mais où est donc cachée ma princesse ? » Un peu à l'écart, sa princesse répondra timidement : « Je suis là, papa, je savais que tu reviendrais, comme tu l'avais promis. »

Marie harcèle grand-mère pour en savoir davantage.

— Tête dure, asticoteuse, va, tu lâches pas, hein, tu renonces jamais. Lui, ça fait longtemps qu'il l'a fait, qu'il t'a oubliée ! Passe à autre chose. Je te le répète, passe à autre chose.

— Grand-mère, tu connais mal mon père. Je sais, moi, qu'il ne nous a pas oubliés.

— Alors tu préfères souffrir ?

— Peut-être. Mais qui te dit que lui ne souffre pas aussi ? Quand on aime, ça se peut pas qu'on désaime tout d'un coup du jour au lendemain. En tout cas, impossible de ne plus se souvenir ! Moi, je sais et je sens qu'il m'aime toujours. Il était si drôle, il écoutait tout ce que je lui racontais, on s'amusait de tout !

— Ah, pour être un bon public, il l'était.

— Pas juste ça. Il m'encourageait à l'école. Tu sais, c'est toujours lui qui examinait mes bulletins et commentait mes notes. Maman, non.

— Elle avait pas le temps. Juste de s'occuper de lui, c'était déjà tout un contrat.

— Tu l'aimais pas beaucoup, toi, grand-mère ?

— Lui non plus. Mais là n'est pas la question : c'est fini tout ça, il est plus là. Il est parti.

— Il reviendra !

Au collège, à côtoyer Céline davantage, Marie est étonnée de constater que son amie ne s'estime pas beaucoup. Joue-t-elle la carte de la modestie ? C'est possible. Enfin, elle se le demande parfois. Il lui est difficile de comprendre que quelqu'un qui a tout puisse manquer autant de confiance en soi. Elle se dit qu'à sa place... qu'est-ce qu'elle en profiterait ! Un jour même, à sa grande surprise, Céline lui déclare spontanément qu'elle l'envie, qu'elle l'admire tant :

— Marie, c'est pas trop difficile pour toi, t'es bonne en tout.

— Oh là, tu y vas un peu fort ! T'as remarqué en anglais comme je suis poche.

— Peut-être en anglais, mais pour le reste, t'es dans les meilleures. Moi, je ne vaux rien en classe.

— Hein ! C'est pas vraiment ce que tu t'imagines. Vouloir être la première, c'est autre chose, ça signifie ben d'autres choses pour moi. Et c'est de l'acrobatie pas à peu près.

— Qu'est-ce que tu veux dire par là ?

— Un jour, je t'expliquerai.

Marie aurait bien aimé lui confier tout de suite que réussir est une fin en soi et que pour être aimée, elle n'a pas le choix, elle doit se surpasser en tout. Aussi, elle voudrait que son père soit impressionné à son retour, qu'il soit fier de sa princesse. Il est vrai que Marie apprend avec facilité, qu'il n'y a qu'en anglais où elle en arrache. Il lui semble que dans cette matière, elle n'y arrivera jamais ! Elle a un véritable blocage avec cette foutue langue. À chaque cours, c'est l'affolement. Même la veille, elle a de la misère à dormir. Elle choisit de se retirer, de se fondre à l'auditoire plutôt que de progresser. Malheureusement, la sœur vient la chercher dès qu'elle décroche, juste au moment où elle se conforte dans son petit monde imaginaire. Et elle ne manque surtout pas une occasion de ridiculiser ses intonations dissonantes, ce qui ne contribue pas à ce que Marie s'applique, qu'elle soit disposée à la pratique.

Par ailleurs, le latin la séduit, *Rosa, rosa, rosam* et autres thèmes ou versions s'avèrent élémentaires, tout comme le français d'ailleurs. Elle se porte volontaire pour faire des traductions compliquées pour les autres puisque, pour elle, elles sont on ne peut plus faciles.

— Ouais, je voulais aussi te parler de ça : pourquoi fais-tu ça ? Ça te donne quoi ?

— Faire quoi ?

— Les devoirs des autres.

— Parce que j'aime ça !

— J'te crois pas ! Tu te morfonds à l'étude, et en plus on copie tous tes travaux, très peu pour moi.

Céline ne comprend pas. C'est qu'elle ignore qu'exceller pour son amie Marie équivaut à se faire accepter des autres.

Ainsi, tous les mardis, Marie appréhende et abhorre la classe d'anglais où elle doit se disloquer la mâchoire pour ne pas être l'objet de moquerie. Un de ces mardis, croisant les mains, sœur Sainte-Scolastique, guindée, relève magistralement la tête pour annoncer :

— *This morning, girls, you're going to have an oral examination*[1].

---

1. Ce matin, mesdemoiselles, vous aurez un examen oral.

La grande Solange murmure derrière elle : « Ah ! La vache. Elle n'a pas le droit de nous faire ça, sans nous prévenir. » La sœur a sûrement entendu le commentaire, Marie pourrait en jurer. Mais Sainte-Scolastique agit comme si de rien n'était et se met aussitôt à discourir dans la langue de Shakespeare. Elle ne peut tout de même pas laisser passer cet événement sous silence : toute la classe, ou presque, a entendu ! Elle doit donc l'attribuer à quelqu'une, plutôt que de perdre la face ou afficher une ridicule surdité.

— *First question : What are you going to do this morning*[1] ?

Et de manière très solennelle, la maîtresse d'anglais pointe Marie directement.

— *It seems that to do something to speak, miss Marie*[2].

Évidemment, Marie, décrochée, n'a pas compris la question, réfugiée dans son habituel repère unilingue. Ce qu'elle saisit vaguement, par contre, est que cette question s'adresse à elle. Elle lève la tête et aperçoit Sainte-Scolastique les yeux fixés sur elle, l'air de dire : « Quand on est aussi empotée en anglais, on doit suivre. On ne se permet pas de se retirer. » Marie regarde tout autour la trentaine de paires d'yeux fixés sur elle, et s'arrête sur ceux de Céline qui la supplie : « Allez, lance-toi, réponds du mieux que tu peux. » Complètement à côté, Marie sort quelque chose de farfelu dont elle est incapable de se souvenir. Sans doute une réplique très drôle puisqu'elle soulève l'hilarité de toute la classe.

— *Copy the following a hundred and fifty times : « If I kept my thoughts to myself and were more attentive in English, I would be less ignorant »*[3].

---

1. Première question : qu'allez-vous faire ce matin ?
2. Il semble que vous ayez quelque chose à dire, mademoiselle Marie.
3. Vous copierez cette phrase cent cinquante fois : « Si je gardais mes réflexions pour moi-même et si j'étais plus attentive en anglais, je serais moins ignorante. »

Sœur Sainte-Scolastique ne s'est pas offusquée des propos de Solange et elle a choisi Marie comme bouc émissaire alors qu'elle savait parfaitement de qui venait l'impolitesse. Ce genre de commentaire émane toujours de « l'Intouchable ». Celle-ci se comporte toujours comme si de rien n'était. Ensuite, il faut immanquablement une tête de Turc.

— J'étais celle-là, Céline ! La cible idéale. Moi, le caméléon qui se fond à la couleur des murs pour ne pas être repérée dans la classe d'anglais.

— Pourquoi tu l'as pas dénoncée ?

— L'aurais-tu fait, toi ?

— J'sais pas. Peut-être !

Mais Marie n'est pas une « stouleuse », elle ne vend pas la coupable. Personne ne dit jamais rien contre Solange, et elle encore moins. De plus, comment le pourrait-elle alors que Solange vient tout juste de lui prêter, en cachette, un gros livre d'anatomie fascinant.

— Il appartient à mon père. Tu le caches sous ton oreiller, ou encore dans ta table de nuit.

— Et si la surveillante le trouvait ?

— Elle saura que c'est évidemment à moi. Tu s'ras pas punie, je fais ce que je veux ici. Tiens, je te prête aussi une *flashlight*, j'en ai une de trop.

C'est vrai que Solange détient tous les privilèges, même celui de posséder un livre savant et les lampes de poche pour l'éclairer. Marie, impressionnée, reçoit le livre avec émotion, il la séduit, il est plein de squelettes, de muscles bleus et rouges, d'organes génitaux, de maladies et de toutes sortes d'anomalies en ome, en ose et en ite. Elle aimerait discuter avec Solange de tous ces mots mystérieux qu'elle doit connaître : pancréas, foie, vessie. Elle a dû les entendre de la bouche même de son père. Marie réfléchit que Solange ne doit pas être telle qu'elle la juge, puisqu'elle possède un livre si savant. Elle se dit aussi qu'un jour, elle aussi, elle sera docteure comme le père de Solange, et soignera les gens, tous, sans distinction.

En attendant ce jour, il faudra qu'elle mette le paquet pour réussir, qu'elle travaille d'arrache-pied. Arrive la série d'examens de mi-session, celle juste avant les fêtes de Noël. Marie étudie comme une malade, obsédée d'être la meilleure. Elle n'a que ça à faire, plonger tête première dans ses livres. Elle ne perd plus son temps à faire le portrait de Céline et file doux. Elle bûche, surtout en anglais, où elle espère au moins décrocher la note de passage. Elle a confiance, puisque ce ne sera pas un examen oral. Là-dessus, pas de problème : seule avec son papier, elle s'en tire plus facilement. C'est dans les échanges qu'elle s'embrouille. C'est là que le sang lui monte à la tête, qu'elle panique et qu'elle se rend ridicule. Elle traduit mot à mot, comme dit Sainte-Scolastique, « la chose qu'il ne faut pas faire ».

— Fais-tu ça, toi, Céline ?

— Moi, j'parle avec mon père à la maison. Ma mère, elle, est nulle.

— Quand j'étais petite, je parlais aussi avec mon père. Il parle mieux l'anglais que le français : il casse même son français.

Céline ne relève pas le commentaire.

La rumeur circule : les résultats sont affichés enfin à l'entrée de la salle d'étude ! Il n'est pas question que Marie s'y pointe le nez. Elle est trop angoissée, elle a la certitude d'avoir raté.

— Céline, j'suis sûre d'en avoir poché plus d'un.

— J'vais y aller, moi, voir les notes, les miennes et les tiennes.

Céline part en reconnaissance au babillard. À peine quelques minutes plus tard, elle revient.

— T'as 18 en thème, 19 en version et t'es la première en dissertation, 19 sur 20. Là, Marie, arrête de *faker*. T'as même 14 en anglais. Pas de quoi s'lamenter.

— Pourtant, j'te jure, pendant l'examen, ça n'a vraiment pas été.

— Bah ! tu dis toujours ça !

Marie obtient de bonnes notes. Et presque tout le temps. Elle commence à se faire une réputation de bolée. Mais on n'aime pas ça les bolées : une telle popularité ne favorise pas le recrutement de nouvelles amies. Au contraire, ça isole. Et les filles ont leur revanche. Elles ne manquent pas l'occasion de lui rabaisser le caquet, quand le cours de conversation anglaise se pointe. Là où Marie est fragile, là où elle est la moins performante.

— Tu es peut-être trop orgueilleuse, c'est pour ça que tu paniques.

— Tu penses ?

# 6
# Un passe-droit

Il y a fête cet après-midi, en présence de la mère supérieure, de l'aumônier et des institutrices. Les parents des pensionnaires seront aussi de la cérémonie. Il y aura une remise de prix pour la mi-année, et distribution de cadeaux pour Noël. Sur la grande table de la salle de spectacle sont étalés livres, coffres à crayons, jeux de Monopoly, casse-tête. Marie lorgne les dictionnaires. Ils sont magnifiques, imposants, ils sentent le papier tout neuf!

— As-tu vu le gros dictionnaire illustré comme le tien, Céline? Ce que j'aimerais le gagner.

— T'as des chances, les livres sont pour les premières de français et de latin.

Marie compte les volumes, il y en a assez pour qu'elle en ramasse un. De plus, s'ils sont réservés aux premières, c'est vrai qu'elle est l'une d'elles. Mais c'est le dictionnaire qu'elle zieute, et il y en a juste un. Elle entend déjà son nom: on le prononcera, elle est certaine. Sa mère, parmi les institutrices dans la salle, sera si fière de sa fille. Marie lui prouvera qu'elle est devenue quelqu'un malgré l'orphelinat.

Un va-et-vient infernal anime la grande salle. Tout le monde est énervé. Céline et Marie s'amusent de voir la directrice de la chorale s'exciter. Elle a pris son allure de chef d'orchestre, les baguettes en l'air, et ne porte pas à terre. Elle gesticule, la cornette à droite, à gauche. Elle est sur le gros nerf. «Les chanteuses, à vos places sur l'estrade pour entonner les cantiques. Il faut vous dépasser. Pour ce qui est des autres compagnes, je lance un appel à toutes pour une tenue irréprochable. Et applaudissez s'il vous plaît, ne vous gênez pas pour applaudir fort, très fort. »

Poussée par je ne sais quelle fierté inexplicable, elle se jette sur le micro : « Je compte sur vous, mesdemoiselles. De la tenue ! Faites honneur à vos parents. N'oubliez jamais que vous faites partie de l'élite, que vous êtes en quelque sorte la crème de la société, les futures femmes de professionnels, des décideurs de demain. » Marie pouffe de rire :

— Céline, qu'est-ce qu'il lui prend ? Elle est folle, ou quoi ? Non, elle est pas sérieuse de dire de telles conneries !

— Quand même, c'est vrai qu'elle en met un peu trop.

Marie dévisage Céline et regarde les autres filles. Attirantes ou repoussantes, érudites ou insignifiantes, elles sont à part. Promues dès la naissance à un riche mariage et destinées au pouvoir. Les sœurs leur rappellent sans arrêt que leurs parents sont de la haute et qu'elles ont des responsabilités. Voilà encore une belle démonstration que Marie n'est pas des leurs. Sans père, elle qui vient de l'orphelinat, de nulle part, n'a pas de quoi pavoiser. Quelque chose détonne, que fait-elle dans ce collège ? Était-il de l'élite, son père ? L'hérédité élitiste, on repassera ! Sa préoccupation à elle n'est pas d'être de la crème, au contraire, mais de se fendre en dix pour cacher d'où elle vient.

La petite aristocratie locale fait son apparition. Lentement, elle franchit la salle en compagnie de la supérieure et de la directrice en pâmoison devant elle. L'archevêque ouvre la marche, celui qui célèbre toujours la grand-messe du dimanche à la cathédrale, suivi de monsieur le maire et d'autres notables :

— Tu vois le gros monsieur à l'habit gris, c'est le père de la grande Solange, le Dr Tremblay. Et le p'tit maigrichon moustachu, c'est celui de Madeleine : c'est le juge Potvin, chuchote-t-elle à l'oreille de Marie.

— Oui, oui, les culs pensants.

— Chut ! On va se faire engueuler.

Suivent leurs ombres, des femmes toutes gainées et parées de *jewells*. Entre autres cette madame Tremblay qui ne s'est pas forcée à montrer à sa fille les rudiments de la politesse et le respect des autres.

— Céline, c'est à elles qu'on va ressembler un jour, nous, les futures femmes de professionnels.

— Arrête, tu deviens de plus en plus contestataire, tu prends du pic. Tu manques pas une occasion de rouspéter.

— Tu nous imagines, toi et moi, à leur âge ? C'est déprimant, juste de les voir me donne le cafard. J'ai pas envie pantoute de leur ressembler.

— Moi non plus, si tu veux savoir. Mais, on est pas obligées de leur ressembler et encore moins d'emprunter leurs déguisements.

— Ni leurs maris.

Marie est devenue allergique à ce genre d'environnement et à ce genre de personnages. Céline a raison, elle devrait apprendre à respirer par le nez. Elle a beau se dire que tout ça n'a pas d'importance, elle ne peut rester indifférente. Il y a certains événements qui la jettent hors d'elle-même. Et celui-ci, elle ne peut le laisser passer.

D'autres notables défilent et prennent place dans la salle. Deux institutrices, les seules laïques du collège, suivent la procession. Sa mère est l'une d'elles. Elle aimerait lui faire un petit sourire, mais elle doit suivre la consigne et garder le secret.

— Hé Marie, regarde la maîtresse de première année, celle à côté de sœur Saint-Gabriel, comme elle est belle ! Trouves-tu ? Elle a un visage doux.

Elle ne sait pas ce qui la retient de confier à son amie qui est cette belle et si gentille maîtresse. Mais elle sait qu'elle doit encore réfléchir prudemment avant de dire quoi que ce soit.

C'est maintenant la distribution des prix par la sœur économe. Plusieurs filles sont appelées à l'avant, sans égard au mérite. Marie et Céline ne comprennent rien du tout. Si c'eût été le cas, Micheline n'aurait rien eu tant elle est poche. Et encore moins Solange qui est la dernière en tout. Elles n'en reviennent pas :

— Que c'est ça ? Ça s'peut pas...

Marie est enfin appelée. Sœur Saint-Léandre dépose dans ses mains une petite boîte enrobée de papier de soie. Elle l'ouvre avec attention et découvre la statuette de plâtre qu'elle contient. Elle essaie en vain de lui trouver quelque chose de joli, mais n'y parvient pas. Cette Sainte Vierge est laide, si laide, que Marie ne s'explique pas pourquoi on l'a jointe aux récompenses. Pour comble, en la retournant sur elle-même, elle s'aperçoit qu'elle est écorchée. Un morceau manque : le bas de son voile est incomplet. Marie le cherche sans succès dans la boîte, puis se tourne vers la sœur, interrogative. Il ne peut s'agir d'une coïncidence, le regard de sœur Saint-Léandre exprime la moquerie et se dérobe à son interrogation. Est-ce possible que cet objet lui soit personnellement destiné ? Au bord des larmes, Marie fait mine de rien, tout de même, et se dépêche de remettre l'objet dans sa boîte d'origine. Elle a honte, mais ne veut pas que Céline s'en rende compte, car elle voudra sûrement que Marie signale le bris à la sœur économe. Et pour rien au monde elle ne le fera !

Marie agit comme si tout était normal, dissimulant l'horrible statuette. Quand sera-t-elle en mesure de prendre sa place ? Une fois de plus, elle est persuadée que rien ne doit la déstabiliser. Être atteinte signifierait susciter des questions auxquelles elle n'a pas encore le goût d'être confrontée. Son heure n'est pas venue. Pour l'instant, elle peaufine sa stratégie, accroît sa résistance. Non, rien ne doit la déstabiliser. Sa mère, qui la connaît bien, s'est aperçue de son désappointement. Pourtant, elle non plus ne réagit pas.

C'est à elle-même qu'elle en veut. Que d'insatisfactions et elle aurait envie de lui crier, non pas son chagrin, mais sa frustration, sa révolte. Elle ne peut rien faire. Pas plus que Marie ne peut confier à son amie qui est cette si gentille institutrice.

Aujourd'hui, Marie n'admire pas du tout sa mère, il vaut mieux pour elle attendre d'être dans de meilleures dispositions, elle estime qu'elle se surpasse en « aplaventrisme » devant les sœurs, et ce, à son détriment. Pourquoi toutes deux devraient-elles accepter cet asservissement ? Céline la ramène sur terre.

— Tu la trouves comment ta statue ? As-tu vu qu'elle est brisée ?

— J'la trouve ordinaire ! Tout de même, pourquoi les sœurs donnent-elles ce genre de cadeau ? Je ne comprends pas.

— Pour se débarrasser. Elles passent leurs vieilles traîneries, leurs vieux fonds de tiroir.

— À moins que ce soit pour me niaiser ? Céline, tu m'as dit que c'était une distribution au mérite. C'est pas ça pantoute. Regarde, c'est Solange qui a reçu le beau gros dictionnaire. Elle est la dernière de la classe pourtant.

— Oui, je sais, mais Solange est la fille du Dr Tremblay. Et Micheline, celle des propriétaires des grands magasins, Madeleine...

— Je me demande encore si le seul fait d'être la fille de quelqu'un haut placé est une raison valable pour rafler tous les plus beaux prix. Tu trouves ça correct, toi ?

— Au fait, tes parents n'étaient pas là, Marie ?

— Les tiens non plus ?

— Oh ! Les miens, tu sais, ça les intéresse pas beaucoup ce que je fais. Mon père a bien d'autres chats à fouetter.

L'enthousiasme voisine le paroxysme quand ses compagnes abordent l'idée des vacances des Fêtes. Marie feint d'être aussi exaltée qu'elles, même si elle pense rester au collège. Ce qu'elle appréhende le plus, c'est que Céline la questionne là-dessus, qu'elle veuille savoir. Tôt ou tard, elle n'y échappera pas. N'est-ce pas le propre d'une amie que de se préoccuper de ce que fera l'autre dans des moments comme celui-là ?

Marie se réserve toujours par rapport à cette amitié, s'obligeant à mieux évaluer cette fille pas comme les autres, à demeurer circonspecte, et à étaler la période d'apprivoisement. Elle use donc encore de prudence avec elle, comme avec toutes les autres filles d'ailleurs. De là à lui confier ses secrets, ou à aborder son passé, il y a tout un monde. Elle n'en est pas encore là !

— J'ai bien hâte aux vacances, Marie. Il y aura de grosses fêtes de famille chez nous. J'irai chez mes grands-parents, les parents de mon père et ceux de ma mère. Toi, tu vas faire quoi ? J'imagine que t'as hâte aussi ?

— Ben oui ! j'ai hâte.

— J'ai un cousin, tu sais, il est pas mal. Tu vois ce que je veux dire ? J'aurai plein de sorties.

Autant pour les cousins que pour le reste, Marie ne voit rien du tout. Elle s'y connaît peu en matière de garçons, elle a du rattrapage à faire. Mais elle fait comme si. Concernant les vacances de Noël, à quoi devrait-elle avoir hâte ? Qu'est-ce qui les excite tant ? Des vacances, elle, elle n'en a jamais eu. À l'orphelinat, personne ou presque ne sortait. Elle ne connaît pas ce à quoi elles font allusion. Si, une fois, une seule fois, elle était allée deux jours chez grand-mère pour Noël. Deux jours, ce n'est pas beaucoup ! Mais voilà qu'elle avait trouvé le tour, comme à l'accoutumée, de se prendre aux cheveux avec grand-mère.

Elle avait été, soi-disant, très grossière alors qu'elle voulait rendre service en lui disant :

— Ton pâté, grand-mère, il n'est pas aussi bon que d'habitude. Il est ben trop salé. Maman dit que quand on sale trop, c'est qu'on est maligne.

— Ferme-la et mange. Sinon tu n'as qu'à te lever de table.

Elle n'avait pas aimé ça du tout, grand-mère. C'est curieux tout de même, Marie estimait avoir fait une toute petite remarque bien innocente. Grand-mère appréciait ceux qui disaient comme elle, ceux qui l'encensaient. Comme Marie n'était pas de ceux-là, elle était l'insolente. Et puis, grand-mère avait alors prétendu que les vacances avaient assez duré, que c'était assez ! Rester plus longtemps risquait de la gâter, au point où son retour à l'orphelinat deviendrait trop difficile pour elle. Mais ce n'était pas la raison, Marie le savait.

— Tu n'as pas changé, hein, tu es aussi effrontée qu'avant. Je crois qu'il est grand temps pour toi de retourner là-bas. C'est pour ton bien.

— À l'orphelinat ? Dis donc plutôt que ça fait ton affaire que j'y retourne. Comme ça, je ne serai plus dans tes jambes.

Facile à dire que c'était pour son bien ! Grand-mère ménageait ainsi sa conscience, tout en se débarrassant d'elle. Et elle avait tout raconté à la mère de Marie, comme d'habitude ! Et comme d'habitude aussi, à son grand désarroi, la mère avait pris pour la petite.

— Elle a la répartie facile, on ne peut rien lui passer. Ce n'est pas méchant, il faut croire qu'elle est très intelligente.

— C'est ça ! Excuse-la encore, comme tu fais toujours. Tu te prépares à tout un enfer avec ta fille, si tu veux savoir. Elle va te mener par le bout du nez et t'en faire voir de toutes les couleurs.

— Grand-mère, c'est parce que je retiens de toi que je suis intelligente. Ça devrait te faire plaisir.

— Baisse le toupet, petite fin finaude.

Marie espérait qu'en l'encensant, grand-mère oublierait plus vite sa bévue. Ça n'a pas été comme ça ! Cette année-là et les autres qui suivirent furent ponctuées de toutes petites sorties : aussitôt partie, aussitôt revenue. Grand-mère ne supportait plus « son intelligence mal placée ». Et à l'orphelinat, les jours se suivaient tous pareils, que ce soit l'été ou l'hiver, que ce soit Noël ou Pâques, les orphelines demeuraient sur place douze mois par année.

Comme prévu, Céline la questionne, elle veut connaître la manière dont Marie passera les Fêtes.

— Ils sont comment, tes cousins à toi, Marie ?

— Mes cousins ? J'les connais pas beaucoup. Mais ils sont pas mal aussi. Du moins, j'le crois !

Qu'est-ce qu'elle n'inventerait pas pour de se rendre intéressante ? Pourtant, c'est tout ce qu'elle a trouvé à répondre. Ce n'est pas très fort, elle l'admet. Mais elle ne veut pas alimenter le sujet car, elle, au contraire, elle n'aura pas de fêtes de famille. Elle demeure fuyante, protégeant ses arrières comme elle sait le faire toujours. Elle ne questionne surtout pas et cherche à dévier du sujet. Mais Céline rapplique à la récréation suivante. Finement, elle attend qu'elles soient seules et cherche de nouveau à savoir.

— Marie, tu l'as pas dit, tu feras quoi à Noël ? Tu iras où ? Chez moi, on fera le sapin, les décorations...

— Moi, j'reste ici, j'vais nulle part.

— C'est impossible. Ça s'peut pas. On doit toutes retourner chez nous pour les vacances des Fêtes, personne ne peut rester, le collège est fermé.

Marie n'écoute plus Céline. Tout à coup, une scène prend plutôt place dans sa tête, elle en a le frisson. Elle revoit le dernier Noël passé à la maison avec son père. Un Noël qui avait dérouté tout le monde, grand-mère, les tantes, les oncles, le clan tout entier, quoi ! Elle savait d'avance que l'énormité de la chose les ferait capoter et les frapperait d'angoisse. Effectivement, le téléphone n'avait pas dérougi pour savoir ce qu'il pressait de faire au sujet de son père, afin de diminuer la peur de chacun.

— Si tu savais ce qu'a fait Léopold, où il en est rendu, c'est vraiment pas normal tout ça, il est pas bien du tout.

Il n'y avait plus de meubles dans le salon. Son père les avait remisés dans le hangar. À la place, il avait installé cinq immenses sapins décorés de trente boîtes de glaçons : pour être féérique, ça l'était. Mais Marie sentait que quelque chose ne tournait pas rond dans ce geste démesuré. D'autant plus que son père les obligeait à vivre derrière des stores baissés à longueur de journée, il régnait dans la maison une ambiance inquiétante. Encore plus lorsqu'elle entendit sa mère dire candidement : « Tu ne trouves pas, Léopold, que c'est un peu trop ? Où va-t-on s'asseoir ? » Il eut l'air surpris d'une telle question, il était ailleurs, comme si s'asseoir ne le concernait pas. Sa mère avait eu le malheur de confier à grand-mère les comportements de son mari. Tout ça ne plaisait pas du tout à grand-mère, pas plus qu'au clan qui fut vite mis au courant : son père était condamné d'avance. Marie le savait, le clan ne laisserait pas passer !

— Hé Marie, je te parle. À quoi penses-tu ? Je te disais qu'on devait toutes rentrer dans nos familles pour Noël.

Le pensionnat sera fermé. Bouche bée, Marie apprend qu'elle devra quitter le collège. Sa mère ne lui a rien dit, elle doit pourtant être au courant de ce qui se passe ici. Si le pensionnat ferme, elle, où est-ce qu'elle va aller ? Grand-mère ne veut plus d'une désagréable petite-fille… Céline se rend-elle compte de son désarroi ? Il faut qu'elle trouve tout de suite une réplique sensée à lui donner. Heureusement, elle n'a pas à le faire, la récréation se termine et encore une fois, elle est sauvée par la cloche. Elle devra répondre à un autre moment, elle lui a sans doute mis la puce à l'oreille. Tôt ou tard, Céline reviendra à la charge et elle devra annoncer ses couleurs. Il faut s'inventer une famille, en trouver une qui voudra d'elle. Tout juste avant de prendre place à leurs pupitres respectifs, elle la relance :

— Tu sais, tu peux venir chez nous dans le temps des Fêtes, ma mère est d'accord.

Mais Marie a laissé entendre que son père serait présent à la maison, tout comme ses frères d'ailleurs. Elle n'a jamais été abandonnée, ils n'ont jamais été abandonnés. De plus, personne ne sait que sa mère est l'institutrice de première année. Atterrée, Marie n'a pas le temps de tatillonner sur le statut de sa famille, elle est prise de court. Elle ment une fois de plus, elle s'enfonce un peu plus profond lorsqu'elle réplique à la vitesse de l'éclair :

— Merci, Céline, mais je serai dans ma famille, avec mon père, ma mère, mes frères et ma sœur.

— Ah, c'est que... je pensais...

Elle aura du mal à se dépêtrer de ce mensonge. Pourtant, elle veut que Céline soit son amie pour de vrai, celle à qui elle pourra tout dire. Assurément, elle ne s'y prend pas de la bonne façon ! Elle vient de caler un peu plus profond la charrette dans la boue, ne comprenant pas encore que pour conserver une amitié, il faut demeurer franc. Les vacances de Noël arrivées, Marie quitte le collège ; la petite effrontée séjournera de nouveau chez grand-mère, où elle a promis d'être très tranquille et sage, de ne provoquer par aucune remarque désobligeante. C'est la condition que grand-mère a mise avant d'accepter de la recevoir. Il faut bien que Marie admette : elle est très généreuse, tout de même, grand-mère.

# 7
# Intimidation

Le séjour chez grand-mère s'est passé relativement bien. Mais au retour des vacances, certaines choses ont changé au collège. Ce n'est plus la peine d'élaborer quelques histoires vraies ou moins vraies, de mentir, on ne semble plus s'intéresser aux petites intrigues du collège d'avant Noël. Chacune relate plutôt celles de la maison. On parle des oncles, des tantes, des glissades, des patinoires, ce qu'on a fait durant ce temps des Fêtes. On se centre sur soi. Dans les moindres détails, Céline raconte ses veillées de famille. Les yeux brillants, elle décrie le comportement d'un cousin qui lui a fait du plat, dépeint la robe qu'elle portait, les cadeaux qu'elle a reçus. Tout le monde en remet quant aux personnages de la parenté. Marie se prête à toute cette effervescence, fascinée d'entendre ce qu'on lui rapporte, mais redoublant aussi d'efforts pour camoufler ses propres vacances.

Pourtant, il suffit d'une première journée en classe pour que se réinstalle le quotidien d'avant les Fêtes, et les manigances qui le caractérisent. À l'écart, dans la grande salle de récréation, Marie prend dans sa main la fameuse statuette reçue à la distribution des prix. Il la déroute toujours, ce présent, elle ne l'a pas encore digéré. Elle étudie le visage de la Vierge dans ses menus détails – rien de beau –, s'arrête sur son voile bleu et le petit accroc tout au bas. Comment la sœur a-t-elle dégotté une pareille horreur ? Marie s'explique encore mal ce cadeau, sauf par le ressentiment que sœur Saint-Léandre a à son égard. Sa mère, elle, a une tout autre explication.

— Ne t'en fais pas, ce n'est peut-être pas à toi qu'elle en veut.

— Comment ça?

Elle ne peut tout de même dire à Marie qu'elle a de la difficulté avec la sœur économe depuis le début de son engagement comme institutrice au collège. Que sa situation hors normes, comme dit la sœur, la dérange au plus haut point. Qu'elle la regarde de travers, trouve toujours quelque chose à redire sur ses conditions, son salaire, sur le règlement de la pension. Que dès la signature de son contrat, Saint-Léandre ne blairait pas qu'elle soit en bons termes avec la supérieure du collège. Comme c'est l'économe qui administre les biens de la communauté, elle a le verbe haut.

— Elle est au courant de tout, la sœur économe. Je dois te confier que j'ai certaines difficultés avec elle.

— Comme quoi?

— Je ne sais pas. Peut-être qu'elle est un peu jalouse de mon amitié avec la supérieure? Elle a de la rancœur.

— Pour m'avoir humiliée à ce point et m'intimider comme elle le fait, c'est pas une bonne religieuse. En tout cas, elle a pas une âme de sainte.

— C'est plus fort qu'elle. Si elle s'en prend à toi, c'est pour me toucher, me blesser dans ce que j'ai de plus cher. La distribution des cadeaux de Noël était une occasion en or pour le faire, en public, devant mes collègues.

— C'est pas juste! Tu ne trouves pas ça cruel, toi?

— Oublie ça, moi, je sais que tu les méritais ces prix. Mais je te le redis, ce n'est pas contre toi qu'elle en a, mais contre moi. Chaque fois que j'ai affaire à elle, elle me pique.

L'économe lui a laissé entendre à plusieurs reprises qu'elle est plus ou moins d'accord avec sa situation de femme seule. Toujours selon elle, quelque chose ne tourne pas rond, ni veuve ni mariée, ce n'est pas normal « un mari qui déserte son foyer, c'est une honte, c'est qu'il n'est pas heureux ».

— Comme si j'étais coupable du départ de ton père.

— Attends, attends, là, maman, j'comprends pas du tout. De quoi serais-tu coupable ?

Sa mère hésite, puis se lance :

— Je crois que tu es devenue assez grande pour que je te le dise : elle insinue que je suis une veuve joyeuse. Elle passe son temps à me mettre en garde contre les hommes qui me rôdent autour. Elle veut me voir expier pour mes soi-disant péchés, je pense.

Marie ne comprend pas tout, mais malgré sa frustration, ne pouvant faire autrement, elle a la ferme intention de classer ce fâcheux incident, sans montrer qu'elle est hostile. Alors, au lieu de reléguer la mémorable statuette au fond de son pupitre, elle décide au contraire de s'en servir comme mascotte et de la placer bien en vue sur sa table de nuit. Elle indiquera ainsi qu'il lui en faut un peu plus maintenant pour l'humilier. Elle choisit donc délibérément d'avoir la mémoire courte pour l'instant, d'éviter tout ce qui peut entraver son intégration : elle veut qu'on l'accepte. Aussi paradoxal que ça puisse être, Marie s'attache sincèrement à sa statue, et avec le temps, elle se surprend à la chérir. Ça ne veut nullement dire qu'elle classe aux oubliettes la responsable de cet incident ; pour elle, elle garde dans un coin de sa mémoire son ressentiment. Elle se dit que tôt ou tard, un jour, elle aura sa revanche.

L'amertume de côté, son audace naturelle de pie-grièche effrontée ne s'efface pas pour autant, tant et si bien que Marie se rend souvent à la procure. Stationnaire devant la demi-porte à battants, elle prend connaissance de tout ce qui est accroché sur le tableau des consignes. Puis elle se décide, tape sur le petit gong et attend la sœur économe. Les yeux derrière ses loupes, celle-ci soulève la tête, la tourne de côté, l'air de dire « pas encore elle », puis la replonge dans ses colonnes de chiffres. Marie l'exaspère, ça crève les yeux, tant mieux, c'est ce qu'elle veut, mine de rien. Comme Saint-Léandre feint toujours de ne pas la voir, Marie sonne à nouveau. Lorsqu'enfin l'économe se pointe le nez à contrecœur, Marie soutient son regard, comme pour lui dire : « Voilà, c'est encore moi, sœur économe. Si vous ne pouvez me sentir, dites-le-moi en pleine face. » Marie vient d'ordinaire à la procure pour un cahier à cinq sous, une efface à deux sous ou un crayon au plomb HB à trois sous, mais le plus souvent, juste pour regarder. Et puis, comme elle est venue, elle repart alors les mains vides, après avoir tâté chaque article sans rien acheter.

Marie n'en restera pas au premier embrouillement avec cette damnée sœur. Il y en aura d'autres par la suite. N'en pouvant plus de la voir flâner à la procure, l'économe lui pose des questions sur sa mère, glissant des sous-entendus désobligeants et méprisants. Elle essaie de lui tirer les vers du nez sur sa situation. « Vit-elle seule ? Fait-elle ceci, fait-elle cela ? Curieux tout de même que vous soyez dans un pensionnat de cette qualité ? » Marie prend conscience qu'une adolescente un peu perdue, avec au cœur des questionnements sur tout, l'agace, qu'elle ne représente sans doute personne d'intéressant à ses yeux. De surcroît, une femme libre, autonome comme sa mère, l'horripile sans doute. Marie sait maintenant que cette autre chose qui la dépasse est du ressort de sa mère, elle demeure donc vague, imprécise, déjouant sa curiosité. À la longue, l'adolescente se rembrunit, essaie tout de même de ne pas prendre le mors aux dents, mais un matin, elle en a assez :

— Si vous continuez à me harceler, c'est à mon père que vous aurez à répondre, sœur Saint-Léandre.

— Ah ! Tiens donc, il est revenu celui-là.

— Il n'est jamais parti, il est toujours à la maison.

— Ce n'est pas ce que votre mère prétend. Nous verrons ça avec elle.

Marie vient-elle encore de se mettre les pieds dans les plats ? Elle ne réalise pas que ses réponses arrimées à sa candeur, à ses espoirs puissent être malhabiles et se contredire. Qu'elles seront récupérées et mal utilisées. Elle doit avertir sa mère de sa bévue :

— Pourquoi as-tu inventé une pareille histoire ?

— C'est un monstre, cette bonne sœur. Je la déteste.

— Tu peux la détester, mais veux-tu me faire jeter à la porte, me faire renvoyer, c'est ça que tu veux, oui ou non ?

— Ben ! non.

— Marie, ma chouette, cesse de te complaire dans des attentes trop grandes. Il ne reviendra pas, papa.

— Toi aussi, tu dis ça maintenant. C'est du beau, les oncles, les tantes et grand-mère ont réussi à te laver le cerveau. Tu as démissionné ? Le clan a bien joué, hein ? Et qu'est-ce que tu lui as dit à la sœur économe ?

— La vérité. Que tu espères tellement le retour de ton père, que tu agis tout comme. Que tu vis dans tes rêves.

— Non ! Maman, tu y as pas dit ça ?

— Si, je lui ai dit ça. Marie, qu'est-ce que ça peut faire ? Ça n'a pas d'importance.

Les pensionnaires viennent d'entrer en salle d'étude. Marie attaque de front sa dissertation, elle peut enfin s'évader. Quelques paragraphes rédigés, on frappe à la porte. Une compagne se précipite pour répondre et signale à la nouvelle sœur surveillante qu'elle est demandée. La sœur sort et, après quelques minutes, revient à sa place à l'avant. Une fois assise, elle se cale posément au fond de son siège, comme pour prendre de la distance. Puis, elle pose un regard ostentatoire sur le groupe de pensionnaires, s'arrête sur Marie et la fixe. Embarrassée, Marie se demande pourquoi elle agit de la sorte. La sœur semble fouiller dans ses pensées comme pour la prévenir qu'elle en est le sujet. Ne parvenant pas à saisir ce qui se passe derrière ce regard inquisiteur, Marie redouble d'attention sur son cahier. Finalement, d'un ton guindé, la sœur lui signifie de se rendre à la porte de la salle où elle est attendue. Marie s'y dirige le cœur en chamade et aperçoit, en ouvrant la porte, « non, pas elle », la sœur économe, placide, affichant son air des grands jours. Rien de prometteur ! Inquiète, Marie s'empresse de lui demander s'il est arrivé quelque chose à sa famille. La sœur ne lui répond pas, se contentant de l'inviter à la suivre. Derrière elle, Marie trottine. Saint-Léandre s'arrête, frappe à la porte du bureau de la sœur directrice et lui annonce : « Voilà l'élève en question », puis tourne les talons. Longuement, la directrice questionne Marie sur des achats qu'elle aurait effectués les jours précédents :

— Je n'ai fait aucun achat, j'ai tout ce qu'il me faut.

Elle insiste :

— Rien de nouveau ?

— Non, rien de nouveau, rien du tout ! Je n'ai besoin de rien. Tout est déjà prévu en début d'année, livres, cahiers et crayons, ma mère y voit à l'avance.

La directrice pousse plus loin son investigation.

— Et en ville, mademoiselle, vous y allez ?

— Jamais je ne me rends en ville. Non, je ne suis pas attirée par aucun endroit, par quoi que ce soit, nulle part.

— Dans les magasins, vous n'êtes pas tentée parfois ?

— Tentée par les magasins ? Pas du tout ! Je vous l'ai dit, je ne vais pas à l'extérieur du collège, je ne connais pas la ville, je me perdrais.

Pourquoi lui poser toutes ces questions ? Où veut-elle en venir ? Au demeurant, Marie préfère conclure que la directrice ne sait pas ou a oublié qu'elle arrive tout droit de l'orphelinat où les tentations n'étaient pas très fortes : la mode, un charabia ignoré, tout comme les gâteries, les jeux ou les bonbons. Il n'y a ni convoitise ni privation de la part de Marie pour ces choses. Mais à quoi bon ajouter que sans un sou en poche, ça ne la mènerait pas loin. La valeur de l'argent est de l'inconnu pour elle. Elle n'a aucune envie d'acquérir quoi que ce soit et n'en souffre pas le moins du monde. Aucun désir de possession, sauf de liberté, serait la réponse tout indiquée.

S'apercevant bien qu'il y a quelque chose qui ne va pas, Marie demeure sans voix. Elle cherche tout de même à saisir où la directrice des pensionnaires veut en venir. Ses questions ne l'intriguent pas outre mesure jusqu'à ce qu'elle lui demande de bien vouloir vider ses poches et lui montrer ce qu'il y a à l'intérieur. Là, c'est différent. Elle s'exécute, sortant une gomme à effacer toute mâchouillée, puis un papier défraîchi. La sœur répète derrière elle le geste effectué, plongeant elle-même la main dans sa poche pour y trouver une ou deux mines de crayon écrasées tout au fond. Non satisfaite, elle la somme :

— Et l'autre poche, mademoiselle, tournez-la à l'envers.

— Je n'en ai qu'une à mon uniforme, ma mère.

Rien ne va plus, les questions sont de plus en plus obscures pour Marie. Elle ne déchiffre toujours pas le discours tenu. Elle agit gauchement, se met à trembler, perd son assurance. Visiblement agacée, sans autre explication, comme pour la scruter au plus profond de l'âme, la sœur termine l'entretien sur un :

— Vous pouvez retourner en classe, mademoiselle, nous évaluerons la suite des choses.

Un mystère ! Docilement, Marie la remercie sans question additionnelle, implorant que d'autres filles prennent le même chemin, qu'elles soient demandées à leur tour après elle. Pourquoi au juste ? Elle ne peut l'expliquer. Elle ne comprend pas ce que la sœur veut. Quittant le bureau de la directrice, elle retrouve la sœur économe qui fait le pied de grue à la porte, puis reprend le corridor en sa compagnie. Toujours disposée à la narguer, Saint-Léandre se fait un malin plaisir à lui décocher :

— Vous voilà mal prise, hein ?

— Mal prise, pourquoi ? Je ne comprends pas.

— En plus, vous faites l'innocente.

Marie lui sauterait à la face si elle le pouvait.

Bien que tournant délicatement la poignée de la porte de la salle d'étude, Marie sent la classe tout entière se braquer dans sa direction. Là, devant elle, elle voit le couvercle de son pupitre basculé vers l'avant, ses effets personnels amoncelés sur sa chaise et sur le plancher. Le fouillis total ! On cherche quelque chose, et ce quelque chose serait en sa possession. Soudainement, un afflux fiévreux monte à son visage et elle sent le rouge envahir tout son corps. Si rougir, c'est se trahir, elle vient d'avouer un crime dont elle ne connaît même pas la teneur : Marie se sent curieusement coupable.

Devant le pupitre éventré, devant le mélimélo de livres éparpillés, elle doit se rattraper. À la manière d'une souris déjouant la trappe qui lui rompra le cou, elle cherche à prendre place à sa table. Sa chaise est encombrée. Maladroitement, elle ramasse un premier livre, puis un second sur la pile. Marie a honte de sentir tous ces regards suivre chacun de ses gestes. Elle ne sait plus ce qu'elle fait, ce qu'elle doit faire, debout comme une chandelle. Enfin, elle choisit de libérer sa chaise et de s'asseoir. Tout en implorant la Vierge de l'abriter sous son grand manteau bleu écorché, elle y pose lentement les fesses.

Lorgnant du côté de la porte de la salle, Marie a toujours la conviction profonde que, sous peu, une compagne de classe sera demandée comme elle. Elle attend. Bizarrement, il n'y en a pas d'autres. La seule favorisée à ce titre, c'est elle, la coupable désignée. À la réflexion, sœur Sainte-Claire l'a peut-être vendue et le dessin fait de Céline pendant l'étude préoccupe la directrice des pensionnaires. C'est tout ce qu'elle voit. N'osant pas fouiller dans ses effets pour vérifier s'il est toujours là, elle se replonge tant bien que mal sur son papier. La concentration n'y est pas, Marie veut pleurer. Mais si elle se laisse aller, ce serait avouer ce qu'on lui reproche, ce qu'elle a supposément accompli, et qu'elle ignore. La sonnerie retentit sur les quelques lignes rédigées en début de soirée.

— L'étude est terminée, mesdemoiselles, en silence, prenez vos rangs.

Zélée au-delà du supportable, tête baissée, la pauvre Marie range livres et cahiers dans son pupitre. Puis, sans relever la tête, elle se faufile pour se mettre en rang parmi ses compagnes.

Dans le corridor menant au dortoir, Marie garde le pas sur le groupe de filles. Plusieurs la dévisagent comme si elle était destinée à l'échafaud, d'autres ne font pas de cas d'elle, bavardant comme des pies. La surveillante rappelle constamment, comme à l'habitude, la consigne du silence. L'escalier menant à l'étage supérieur du collège s'étire plus qu'à l'accoutumée, il y a des marches ajoutées, il lui semble. La dernière section comme toujours est mal éclairée, une seule ampoule, l'autre est brûlée depuis des lunes. On ne la remplace pas, sans doute une défection voulue afin de réduire la turbulence et prédisposer au sommeil. À l'entrée du dortoir, tout est sombre. La veilleuse, tout à côté de la cellule de la surveillante des pensionnaires, éclaire à peine leurs pas.

Le lit de Marie se trouve tout au fond du dortoir. La deuxième veilleuse sur le mur latéral suffit tout de même pour qu'elle s'aperçoive, dès l'entrée, que quelque chose ne va pas. Son matelas est roulé en ballot sur lui-même et poussé à la tête. Sa petite commode est renversée sur le pied du lit. Entre les deux, un chambardement. Arrivée sur place, elle constate que verre, peigne, brosse à dents, à cheveux, dépassent ses vêtements et sous-vêtements éparpillés. Comble de ridicule, sa fameuse statuette de plâtre domine le tout, comme pour ajouter à cette scène grotesque. Elle regarde autour d'elle, sans rien comprendre. Du jamais vu ! On se croirait au remue-ménage des grandes vacances, celui juste avant que les pensionnaires quittent, au moment de remplir leurs malles de plancher. Une tornade a déplacé tous ses effets personnels sans qu'elle puisse en expliquer la cause et, encore là, aucun autre lit n'a reçu le même traitement. Non, comme à la salle d'étude, elle est la seule élue à ce titre, c'est sur elle que le sort s'acharne.

Marie replace une à une ses affaires. Le livre d'anatomie que lui a prêté la grande Solange a disparu. Une idée lui traverse l'esprit : « On va épingler Solange, enfin. » C'était donc ça que la sœur cherchait ? Pourtant, la mère directrice a fouillé la poche de son uniforme. Elle ne croyait tout de même pas l'y trouver ! Quoi conclure ? Tout va trop vite. Tout s'embrouille dans sa tête. Engourdie, comme un robot, elle accomplit la routine de tous les jours, scrutant l'environnement trouble dans lequel elle perd pied. Machinalement, elle exécute ces gestes, mais elle est mal à l'aise dans chacun d'eux. Toutes sont affairées à la toilette du soir. Elle doit vite libérer son lit et le refaire pour la nuit. Elle remet sa table de nuit sur pied, déroule son matelas, étend avec soin draps et couvertures, évitant les regards en coin. Puis, elle revêt pudiquement sa jaquette avant de se rendre au grand lavabo central pour remplir son bassin et se brosser les dents. Céline y est déjà. Elle voulait sans doute s'y trouver en même temps qu'elle.

— Quelqu'un a chipé vingt piastres à la grande Solange. La sœur économe a fouillé ton pupitre, pendant que t'étais sortie de la salle d'étude, y paraît que c'est toi qui les as pris.

— Moi ? Mais c'est pas vrai. C'est pas vrai du tout, c'est pas moi ! J'te jure. Tu m'crois j'espère ?

— Sûr que j'te crois. C'est pas toi, j'le sais.

Céline la croit, Marie est soulagée. Et puis, tout d'un coup, vlan ! Elle réalise la situation : elle est accusée de vol. C'est horrible ! C'était donc ça, la raison de cette mascarade, de toutes ces fouilles, de tous ces regards de réprobation brandis sur elle : on l'accuse. Comment faire pour prouver son innocence ? Elle crie à l'injustice sans être capable d'ouvrir la bouche. Elle en reste là, terminant sa toilette avec peine. Enfin, Céline et Marie retournent à leur lit respectif pour la nuit.

Ce n'est pas possible qu'on puisse lui attribuer ce vol. Mais qu'est-ce qu'elle dégage pour qu'il en soit ainsi ? Pourquoi elle, sans qu'on ne soupçonne aucune autre ? Sans doute à cause de l'orphelinat, sans doute parce qu'elle n'a pas de père. « Tout ça, c'est ta faute, papa, tu m'as laissée tomber. Tu disais partir pour un long voyage. Tu as promis : "Quoi qu'il arrive, quoi qu'on te dise, rappelle-toi toujours que je t'aime plus que tout au monde, que tu es ma petite princesse et que je reviendrai." »

La lumière du grand dortoir s'éteint. Les derniers rayons de soleil perdurent au bas des fenêtres mal lavées, éclairant des brins de poussière dans leur trajectoire. Seule la sentinelle veille sur la cour intérieure du collège. Lentement, tout est plongé dans le silence. Dans le noir, sans se commettre, Marie a le droit enfin de pleurer sans bruit, en ravalant ses larmes. Elle peut fondre, se confondre, ne plus exister. Elle a tellement de peine. Cette douleur est insoutenable. Elle l'envahit, lui donne mal au cœur. Parcourue d'un violent frisson, Marie attrape à temps son bassin et vomit son souper. Piteuse, elle se rend à la cellule de garde. La surveillante la reçoit avec un air de dédain, puis lui indique tout de même, chaleureusement :

— Vite, vite, videz votre bassin à la toilette, non pas dans le lavabo, rincez-le et retournez vous coucher. Ne vous en faites pas, mademoiselle, Dieu voit tous nos gestes et il connaît toutes nos pensées, il est le seul juge. Bonne nuit, ma fille.

Réconfortée, elle réintègre sans bruit son lit, mais ne dort pas. Elle saisit la statuette de plâtre, la Vierge au visage de la sœur économe. Elle la projetterait sur le mur de toutes ses forces si elle ne se retenait pas. Mais voilà, elle en est incapable, elle a décidé de s'en faire une alliée.

Marie essaie d'éclaircir ce qui a pu se passer. Si elle n'y parvient pas maintenant, elle y arrivera plus tard, on lui fournira les explications justes. Elle a espoir, la conviction profonde, même, que Solange trouvera ses vingt piastres et qu'elle avertira tout le monde que Marie a été accusée à tort. Ou mieux encore, que l'argent lui sera rendu. Pour ce qui est de son livre d'anatomie, elle l'avait pourtant assurée de ne pas s'en faire: « Si on l'aperçoit, on saura qu'il m'appartient. »

Marie ne trouve qu'un sommeil cauchemardesque. Des souvenirs se frayent un chemin jusqu'à l'orphelinat: une porte s'ouvre dans la pénombre, les mains de sœur Sainte-Souf sur ses hanches, sa bouche affamée qui cherche la sienne. Mais ces souvenirs ne l'emprisonnent plus comme autrefois dans les serres de la culpabilité. Marie est maintenant plus avisée pour lui retourner cette responsabilité: ce n'est pas à elle de la porter.

Il y a, tout au fond du dortoir, trois ou quatre petites cellules réservées à des plus grandes dont les parents ont les moyens financiers d'assumer les frais supplémentaires aux coûts de base. Deux de ces chambres sont occupées par ces filles supposément de riches, « des filles à papa ». La grande Solange est l'une d'elles. Elle fait ce que bon lui semble. Marie se demande pourquoi. Elle veille tard, très tard même. Sa lumière s'éteint seulement après qu'elles soient toutes couchées, le plus souvent toutes endormies. Parfois, dans la nuit, Marie se réveille. Elle perçoit la musique assourdie de la radio de Solange se frayant un chemin au bas de la porte. Sa chambre donne juste au pied du lit de Marie.

« Son vingt piastres, je ne crois pas pantoute que Solange se le soit fait chiper. Je la soupçonne plutôt d'avoir inventé tout ça, comme d'habitude, pour attirer l'attention. De toute façon, pour elle, vingt piastres, qu'est-ce que c'est, c'est pas la fin du monde. » Ce qu'elle aimerait être capable de l'affronter, la grande Solange, de la coincer, de la retenir pour lui dire le mal qu'elle lui fait. A-t-elle seulement envisagé une minute qu'on accuserait Marie ? Ah ! Si elle avait des ailes, elle pourrait les ouvrir toutes grandes et s'échapper de ce damné pensionnat, partir au loin. Épuisée, Marie glisse dans un rêve libérateur. Dans un demi-sommeil, elle aperçoit Solange par le haut de la porte à vasistas. Elle est là. Elle regarde Marie, l'observe. L'a-t-elle vue pleurer ? Si oui, elle a une emprise sur elle. Marie se terre au creux de son lit. Les mâchoires crispées, elle surveille. Elle compte bien se pointer à sa porte et lui débiter tout ce qu'elle a sur le cœur. Mais Marie ne bronche pas, attendant le moment. Que Solange rie d'elle, qu'elle la ridiculise, Marie s'en fout. Elle lui fera avouer son stratagème de vol simulé.

Pour la narguer, Solange sort de sa cellule et grimpe sur la plus haute marche d'un escabeau. Si Marie bouge, qui sait ce qu'elle peut faire. Solange sait qu'en temps voulu, elle écrasera Marie. Elle épie ses moindres gestes, lui sourit ironiquement, d'un sourire mièvre. Marie, elle, rêve de se glisser par le vasistas, telle la chauve-souris traversant le fenil. Tout là-haut, vers la lucarne prometteuse, elle s'élancera, tout comme elle, déterminée, résolue dans sa quête de liberté. Pour sûr, Solange est physiquement plus forte qu'elle, plus grande, mais, étant plus légère et plus agile, Marie sera plus rapide : elle pourra prendre la clé des champs.

La méchante a bougé. Elle est cette fois-ci sur l'avant-dernière marche de l'escabeau, elle ne quitte pas Marie des yeux. Que va-t-elle faire ? Terrifiée, clouée au matelas, Marie ne peut ni crier ni quitter son lit sans ameuter tout le dortoir. Elle reste immobilisée. De temps en temps, Solange entrouvre les lèvres sur un vilain rictus et Marie croit voir deux petites canines de vampire. Elle est convaincue d'avoir tous les pouvoirs, la grande Solange. Elle puise ses idées dans son gros livre médical qu'elle a repris. Ce livre fourmille de formules complexes pour mieux maîtriser une proie et se débarrasser des restes. Elle décroise les jambes et bascule les fesses sur la marche inférieure. Elle est suffisamment basse. D'une seule enjambée, elle peut se projeter et bondir sur le lit de Marie. Maintenant, les ailes de Marie sont prêtes à se déployer. Solange ne soupçonne pas son agilité. Oui, elle peut s'envoler. Alors, ses ailes se décollent doucement de son corps et s'ouvrent toutes grandes dans la nuit étoilée. Elle prend son envol devant les yeux incrédules de la grande Solange.

La cloche résonne sur le dortoir endormi. « Mesdemoiselles, on se réveille. Allez, tout le monde debout. » Surprise, Marie est bel et bien dans son lit, elle ne s'est pas envolée. Et Solange ne perche pas, ni au haut ni au bas d'un escabeau. Une lumière filtre au bas de la porte de sa cellule. Sous le lit de Marie, le gros livre d'anatomie est revenu. Autour d'elle, les mêmes yeux réprobateurs surveillent son réveil. La nuit l'a par ailleurs calmée. Est-ce d'avoir compris que son anxiété pouvait lui jouer de fâcheux tours, d'avoir inventé une sortie de secours ou de s'être persuadée qu'on trouverait ? « On trouvera, on trouvera sûrement ce damné vingt dollars. » Marie veut se souvenir de ce rêve dans les moindres détails. Le moment est venu de parler à Céline, de se confier à elle. Elle croit en elle, elle recevra ses confidences.

Juste avant de prendre le rang pour le réfectoire, à la toute dernière minute comme à l'habitude, Solange sort de sa chambre. Tout semble normal. Revêtue de son uniforme de la veille, glissant sur ses *loafers* ferrés, elle se range dans la file sans la regarder. Connaissant le comportement de Solange, elle manigance encore. Chose étrange, pourquoi le gros livre est-il revenu sous son lit ? A-t-elle retrouvé son argent ? A-t-elle eu des remords ?

Marie a beau se déguiser en courant d'air, s'effacer, le sentiment ennuyeux d'être constamment épiée la poursuit. Les surveillantes suivent ses allées et venues, elle le sent. On marche sur ses traces, recommençant derrière elle le chemin de la chapelle au dortoir, du réfectoire à la salle d'étude, et même celui de la cour extérieure. On ne semble même pas avoir soupçonné quelqu'un d'autre. Pourquoi le faire, on tient la coupable.

Est-ce parce qu'elle est si différente des autres ? Marie veut comprendre. Voilà ! Quoi de plus facile que de lui attribuer tout délit non résolu. Différente ! Cet état d'être n'est pas forcément lié à cet événement, il l'habite depuis sa sortie de l'orphelinat, il conditionne chacun de ses gestes à la prudence. Désormais, elle ne cherche plus le moment où la menace, celle d'être accusée, est apparue. Aujourd'hui, Marie observe sa main qui diligemment glisse sur le papier et se demande pourquoi, à travers toutes ces accusations imméritées, l'idée de fuir un endroit aussi inique ne lui est pas venue. Non, Marie ne fuira pas, comme elle l'a fait à tant de reprises à l'orphelinat ; ici, elle fera face. Malgré tout, elle ne ressent aucune animosité durable, elle espère tout naturellement des jours meilleurs. Elle mettra tout en œuvre pour qu'il en soit ainsi, implorant sa statuette de l'accompagner. Elle a appris à l'accepter, elle est devenue son fétiche. N'est-elle pas tout comme elle, écorchée et rejetée ? Elle lui demande aussi d'accomplir le miracle de faire réapparaître le billet de vingt dollars sous un pupitre. Quel soulagement serait pour elle d'être lavée de tout soupçon !

Résolument, n'étant pas coupable, n'ayant rien à se reprocher, Marie oublie. Par conséquent, elle décide de déambuler la tête haute et de dévisager ses compagnes. Au début, ce n'est pas facile. À tout bout de champ, les images reviennent. Négligeant ses bonnes résolutions, elle tourne en rond et retourne à la case départ, se demandant encore et encore : « Où est passé ce maudit vingt piastres ? » Parfois même, elle cuisine son amie Céline :

— As-tu des nouvelles, Céline ?

— Rien ! T'en fais pas. Plus personne n'en parle.

— Parce qu'on croit encore que c'est moi, la voleuse !

Une défaite dure à encaisser. La petite insoumise de grand-mère demeure tout de même persévérante, elle s'est fait les dents, maintenant elle aiguise patiemment ses griffes. Elle ne doit pas perdre ses énergies dans la rancœur, une autre mission l'attend. Elle doit s'y préparer et garder le cap vers sa réussite.

# 8
# Terminé l'internat

Cet événement marque Marie profondément. Elle ne l'oubliera pas. Elle avouera, plusieurs années plus tard, que jamais épreuve ne fut aussi accablante dans ses souvenirs d'enfance. Elle sera ancrée en elle, estimant que la vie est truffée d'iniquités. Pire, elle ne saura pas ce qu'il est advenu de ce vingt dollars. Ce sera le silence le plus complet sur le sujet. Les sœurs ne donneront pas le nom de la coupable, pas plus qu'elles ne rétabliront son innocence. Il est peut-être difficile de comprendre l'ampleur de cet événement pour quiconque n'a jamais été accusé injustement. Pour Marie, avoir eu à vivre pareil abus demeurera une blessure incurable.

Ainsi, au collège, le doute plane toujours, le malaise persiste, elle vit avec cette accusation : une épée de Damoclès au-dessus de sa tête en permanence. Solange, elle, n'en parle plus. Elle trouve bien d'autres façons d'attirer l'attention. Marie la sent fausse à son endroit. Le regard fuyant, équivoque, Solange se rembrunit dès qu'elle la croise. Encouragée par un malaise entre elles, Marie ne peut s'empêcher de lui retourner l'ascenseur, lui réexpédier la culpabilité qu'elle n'a pas à ressentir. Cette épreuve lui enseigne pourtant autre chose. Quoi exactement ? Ce n'est pas clair. Peut-être l'existence de personnes de la trempe de Solange, qui exercent un pouvoir rebutant, avec lesquelles il faut vivre. Mais encore davantage la démonstration que son présent est tissé sur la toile du passé avec lequel elle doit composer. Que ce passé loge au fond d'elle et qu'il ressurgit, et ressurgira, qu'elle le veuille ou non.

Marie s'efforce donc de vivre le présent, s'accrochant en définitive à lui, évitant de penser plus loin. Ainsi, sans malice, elle apprend la vie petit à petit, ses bons et ses mauvais côtés. Au jour le jour, elle se construit. Il le faut, elle n'est plus une gamine, presque une femme. Elle se dit qu'il n'appartient qu'à elle, et à elle seule, que ce monde soit autrement. Pour s'en convaincre, elle se persuade que cette situation abusive doit la projeter dans ce monde nouveau, un monde de prudence, oui, mais sans animosité, sans ressentiment. Personne ne peut agir à sa place. Mais avant tout, elle doit quitter le pensionnat. Pour y arriver, elle connaît le moyen : crier, hurler, encore plus fort qu'à l'orphelinat. Attaquer s'il le faut.

L'impression du traitement de suspicion que la sœur économe lui réserve, elle la camoufle, estimant peut-être s'être trompée sur ses intentions. Pour conjurer le mauvais sort, elle garde toujours dans un petit coin de sa mémoire la statuette ébréchée. Chaque soir, elle l'observe avant de s'endormir. Un jour, elle en aura le cœur net, un jour, elle se décidera à éclaircir ce qu'il y avait sous ce présent empoisonné. Elle attend, elle attend son heure ! Comme la mule du pape qui a attendu et gardé « sept ans son coup de pied ».

Depuis le printemps, sa mère envisage de laisser l'enseignement au collège, où elle est mal rémunérée. Sa troisième année, celle de Méthode, se ferait en externe. Elle aura un chez-soi qu'elle réintègrera chaque soir. Elle ne tient plus en place.

— Ce n'est pas encore décidé, mais je pense sérieusement à enseigner à l'école publique.

— Et moi, qu'est-ce que j'fais là-dedans ?

— Toi, tu continues comme avant. Tu termines ton cours ici.

— Maman, j'veux plus être pensionnaire. J'en ai assez: j'vais réussir mieux en externe. Comme l'anglais, je pourrais le pratiquer avec des amis – on peut déménager dans le quartier anglais, par exemple.

— Je n'ai pas dit que tu resterais pensionnaire. N'exagère pas, on n'ira pas vivre chez les anglais pour que tu apprennes leur langue. Tu n'as qu'à faire un peu plus d'efforts. Laisse-moi réfléchir, je jongle à tout ça.

Juin arrive, et les grandes vacances aussi. Sa mère a loué un chalet pour l'été à Saint-Jean-Vianney sur les rives du Saguenay, tout en face de Chicoutimi. Là, Marie sera en famille – tout au moins pour une couple de semaines –, ses frères et sa sœur sortiront de l'orphelinat. Néanmoins, elle ne compte pas perdre de vue son objectif pour la rentrée scolaire. L'été lui servira à mieux établir son plan, celui de ne plus retourner comme pensionnaire, elle ne se laissera pas distraire. Ainsi, elle n'a de cesse de harceler sa mère à ce sujet, qui lui répète de ne pas oublier que la condition préalable est qu'elle puisse décrocher une classe, qu'un remplacement soit à combler. Et elle ne le saura qu'à la toute dernière minute.

Tous les soirs, solitaire sur les berges de la rivière, elle se fait un feu de grève à même les bois morts rejetés par le Saguenay. Elle s'y rend, histoire de repérer le collège de l'autre côté de la rive, tout au loin dans la montagne: il trône là, à deux pas de la basilique. La vue de ces murs de pierres grises empoisonne un peu la sérénité de ses vacances, le collège se retrouve paradoxalement à l'horizon. Un hasard tout de même bien fait, car l'éventualité d'y retourner en septembre la tient en haleine. Il lui rappelle qu'elle n'a pas une minute à perdre si elle ne veut pas le rejoindre à nouveau avec sa grosse malle de plancher. Sa réalité l'aide à garder en tête cet objectif de la rentrée, ses scénarios possibles et impossibles de liberté. À la brunante, elle a déjà bien repéré son emplacement, elle peut lâcher prise. De sorte que ces ciels ballotés de nuages, caressés par l'agitation continue des vagues, lui permettent de goûter la beauté de cet endroit majestueux. Elle rêve. L'obscurité tombe, le ciel bleu foncé contraste avec le courant. Ce dernier glisse et forme de petites vaguelettes dentelées donnant l'impression qu'un bateau remonte à deux pas.

Un autre revenant vient hanter sa quiétude cet été-là. Son père refait surface dans les conversations de la famille. Comme rien ne lui échappe, elle surveille, fouine. Alors qu'elle est supposément endormie, en catimini, sa mère bavarde de tout et de rien avec les grandes-cousines de Montréal de passage dans la région. Pendant qu'elle leur sert son fameux petit « cake plum-pudding », qu'elles rient et discutent, petit doigt en l'air, autour d'une tasse de thé anglais, Marie ne perd rien de leur conversation.

— C'est vrai, Gemma, tu as toujours pris ton thé avec du lait et du sucre.

— Plus de sucre aujourd'hui, mais encore avec du lait. Un nuage seulement !

Accroupie du côté salon, sous le passe-plat, elle écoute ce qui se dit autour de la grande table de cuisine. Tout à coup, leur discours devient à peine audible. Il est clair qu'on ne veut pas qu'elle entende. Rien de pire pour piquer sa curiosité. Elle sait instinctivement – elles le font toujours – qu'elles rapporteront des nouvelles de son père tôt ou tard. Sa mère a déjà laissé échapper que les cousines le voyaient de temps en temps – « il est donc à Montréal ». Marie surveille impatiemment le moment où elles s'engageront sur le sujet. Sa mère, les yeux brillants, attend elle aussi.

— Il veut qu'on lui apporte des photos de la petite.

— Et des trois autres, il en a parlé ?

— Oui, mais, pour les photos, il n'a mentionné que Nounou.

— Pas si fort, June, tu sais comme elle est b'lette. Je ne serais pas surprise qu'elle écoute tout ce qu'on dit de l'autre côté.

Marie se montre le bout du nez. Elles demeurent stupéfaites de son apparition.

— Y'est pas question que j'me laisse photographier. S'il veut me voir, il n'a qu'à venir les prendre lui-même ces foutues photos. Et pis, comment ça s'fait que vous le voyez, vous deux, et moi pas ? Il est où ? Il est où, hein ?

Les cousines demeurent bouche bée, ne savent pas quoi répondre.

— Qu'est-ce qu'on lui dit, Gemma ?

— Va te recoucher, Marie, on parlera de ça demain. Veux-tu ?

Le lendemain, Marie est de meilleur poil. Elle calcule qu'il vaut mieux se rappeler au souvenir de son père que de continuer à faire la tête et manquer cette occasion unique. Bien entendu, les cousines repartent avec tout un tas de photos. Mais qu'est-ce qui le retient au loin, lui ?

Elle a réussi, ça y est ! Tout comme pour Céline, le pensionnat est maintenant chose du passé. Toutes deux sont au collège, mais le fréquente en externe. Ainsi à chaque fin de journée, Marie rentre à la maison retrouver sa mère comme souhaité. Son amitié avec Céline continue comme avant, bien qu'elle se limite aux heures de classe. Marie préserve l'intimité de sa vie familiale, qui est toujours interdite à son amie. Céline ne sait strictement rien d'elle, et cela lui semble relativement normal. Elles n'abordent rien en profondeur, elles s'accommodent de la situation. Il n'est plus nécessaire de feindre, Céline ne s'aventure pas dans sa vie personnelle. Il ne vient même pas à l'idée de Marie de se demander pourquoi. Les soirs et les fins de semaine, elles ne se voient pas, et ne cherchent pas à se rencontrer. Céline et Marie se contentent de rentrer des cours ensemble. Elles empruntent un bout de chemin commun à tour de rôle. Respectant l'itinéraire particulier de chacune, quitte à faire du sur place ou à revenir sur leurs pas, elles ne se rendent jamais à la maison de l'une ou de l'autre. Il est arrivé parfois – surtout au début – que Céline insiste :

— Pourquoi viens-tu pas à la maison, on pourrait faire nos devoirs ensemble et se demander nos leçons ?

— C'est impossible, après l'école, j'ai mon cours.

Aller chez Céline veut dire que tôt ou tard, elle réclamera la réciprocité. Il n'en est pas question. Alors toutes les excuses sont bonnes. Des raisons, elle en a des dizaines en réserve, organisées, ficelées et de béton. Du moins, elle le croit. Quand ce n'est pas le piano, c'est le « gardage » chez la voisine, dont elle lui raconte ce qui s'est passé la veille ou l'avant-veille. Elle lui dépeint dans les moindres détails la petite au visage d'ange ou encore le papa qu'elle trouve un peu bizarre, même beaucoup. Elle lui décrit tout ce qu'il fait de spécial :

— Y'est jamais là son mari. Y'est tout le temps à la taverne chez Gérard. Tu sais, celle au coin de la rue principale.

— Sa femme, elle, a l'endure ça, a dit rien ?

— Pas pantoute, ç'a l'air de faire son affaire. Faut dire qu'est ben spéciale, elle aussi. Tu sais, quand je garde, je trouve le temps pas mal long. Alors, je fouille les tiroirs. J'ai trouvé des photos où elle est toute nue. Pas des photos ordinaires, non, des vraies photos commerciales de photographes. Tu penses pas, toi Céline, qu'a triche son mari ?

— Pourquoi tu dis ça ?

Comme Céline la questionne sur son gardiennage de plus en plus souvent, Marie estime intéressant de lui livrer tout ce qu'elle repère de la vie insolite de ses voisins. Elle lui brosse les situations les plus loufoques dont elle est témoin. Les deux amies se scandalisent mutuellement de ces comportements. Elles partagent leur répugnance et leurs secrets.

— Conte pas ça à personne, ok ?

— Es-tu folle? Jamais de la vie, penses-tu!

Ainsi elles restent plantées sur le trottoir à déblatérer sur les dernières prouesses des amants de madame Côté qui s'introduisent dans le couple. Et Marie d'énumérer toutes les découvertes qui lui font dire qu'elle mène une double vie «pas trop trop catholique», comme le répétait avec conviction grand-mère.

— Elle reçoit la visite de gars bizarres. Quand un de ces gars arrive, elle me demande d'aller promener le bébé et de ne revenir qu'à une heure bien précise. Quand je rentre, le gars est parfois à se rhabiller ou à lacer ses souliers, pis il déguerpit. J'ai même déjà vu un autre gars se présenter, après le départ du premier et, moi, de retourner à nouveau promener bébé. Ça se passe toujours dans la journée, quand son mari est au travail.

— Tant pis pour lui, elle fait bien, elle ne perd pas son temps à attendre qu'il revienne de ses virées, comme ma mère. Parce que tu sais pas, mais mon père, y boit comme un trou.

Elle vient de lui ouvrir une porte par cette petite phrase alors que Marie avait idéalisé sa vie. Céline vit donc elle aussi, à sa manière, des choses difficiles. Elle pourrait sauter sur l'occasion pour lui faire des confidences sur son propre père. Sans se rendre trop loin, elle pourrait lui en dire un petit bout; tout au moins lui confier qu'il n'est plus à la maison. Elle se lance:

— Tu sais, Céline, chez moi aussi, c'est pas facile. Avec mon père aussi. Pas tout à fait comme chez toi, mais... J'aimerais bien prendre le temps pour t'expliquer de quoi ça retourne.

Mais non, elle se garde bien d'aborder les éléments qui révèleraient sa propre vie de tous les jours. Lui dire qu'elle a des parents séparés, elle n'ose pas. Elle a d'autant plus honte qu'elle est la seule dans cette situation. Pourtant, elle a drôlement l'impression que Céline se doute, flaire quelque chose, mais qu'elle n'en parle pas. Avant, elle l'interrogeait sur sa famille, elle la questionnait en douce – « elle sait des choses, c'est certain. Mais quoi au juste ? » Et maintenant plus rien !

Sa mère, elle, a sa petite idée là-dessus.

— Le monde est petit. Marie, tout le monde sait tout dans le coin, pis ça fait jaser. Alors imagine-toi pas que les parents de ton amie ne savent pas. Je soupçonne peut-être qu'ils ne disent pas tout, tout bonnement parce que ça ne paraît pas bien une femme mariée sans mari. Mais il se peut qu'elle sache, à mon avis.

— En tout cas, on dirait que Céline évite le sujet : elle est réservée et ne me questionne plus comme avant.

Marie espère toujours être capable de lui parler de son père, de lui confier ce qu'il en est réellement. Lui raconter son départ, son absence, lui avouer qu'elle a menti, qu'il n'habite pas du tout à la maison. Mais ce ne sera pas pour aujourd'hui, elle n'est pas encore prête ! Curieusement, le besoin de se confier n'est plus ce qu'il était, plus aussi fébrile. Marie n'est plus aussi obsédée par son absence ou son retour. Elle constate qu'elle s'en détache, qu'elle le perd de vue ; depuis quelques mois, son image s'estompe même, disparaît complètement. Son visage devient flou, elle le cherche à travers une mémoire embrouillée par le présent. Pour en raviver le souvenir, elle se rabat parfois sur ses petits trésors cachés, là sous son lit, dans une boîte à souliers. Une photo où, tenant un journal enroulé dans sa main gauche, genou à terre, il lui entoure l'épaule au côté de sa mère, où ils ont tous l'air si heureux ; celle où il regarde en riant son blaireau à barbe, dont elle se souvient exactement l'odeur familière de savon ; une troisième, sa voiture Ford, Betsy, frottée comme un sou neuf. Entre les doigts de Marie roulent trois boutons de ses précieux faux cols. Pourtant, pourtant, ce qu'ils représentent s'atténue lentement, perd de l'importance.

Marie se remémore la visite des grandes-cousines l'été dernier, au chalet que sa mère avait loué. Selon leurs dires, son père désirait soi-disant des photos d'elle. Finalement, elle avait consenti, en désespoir de cause, à se laisser capter sur pellicule pour les lui fournir. « Est-ce que lui se contente de tirer une petite boîte de dessous son lit et de les regarder pour atténuer sa solitude ? » Depuis leur venue, elle a perdu espoir. Elle a le sentiment profond que quelque chose lui échappe. Elle voudrait bien continuer de croire, comme depuis le jour où il est parti, qu'il ne les a pas abandonnés, surtout pas sa petite princesse adorée, celle à qui il a juré, main levée, de revenir. Mais le cœur n'y est plus, elle ne retrouve plus la flamme de l'amour inconditionnel.

Quoi qu'il en soit, Marie est devenue cette autre qu'il ne reconnaîtrait pas, celle qui a appris à se passer de lui. De temps à autre, elle poursuit, piétine sa mémoire pour rattraper cette petite princesse fidèle qui se blottit dans les bras d'un père aimant. Elle scrute les visages des passants, se disant que son père est peut-être parmi ces papas, pourquoi pas celui qui joue au ballon de l'autre côté de la rue ? Ou encore celui qui propulse vers le ciel la balançoire d'une petite fille qui rit aux éclats là-bas ? Il l'a trompée, et elle a bêtement attendu son retour, le croyant reparti vers sa famille ou s'attardant quelque part à reprendre son souffle. Tous lui rebattent les oreilles :

— Tu es la seule à y croire, ça ne sert plus à rien d'espérer, jamais il ne reviendra.

Même en s'accrochant à ses lubies, elle est consciente que s'il réapparaissait dans son décor un jour, il serait mal accepté de tous. Et il ne comprendrait pas ce que sa fille est devenue. Fini le temps où l'amour et la candeur l'habitaient. Elle a appris le mensonge depuis. Grand-mère est impitoyable :

— T'a-t-il seulement envoyé une lettre, un mot depuis qu'il est parti ? Attendre dans le vide, quel désastre !

— Grand-mère, toi, tu le vois dans ta soupe. C'est certain qu'il a tous les défauts du monde.

— Non, ce que je désire plus que tout au monde, c'est que tu oublies celui qui t'a oubliée.

Sournoisement, le matraquage fait son chemin. Petit à petit, non sans une certaine culpabilité, Marie constate que sa vie serait beaucoup plus commode sans son père : finis les secrets, feintes de toutes sortes, les entourloupettes pour laisser croire qu'il existe toujours. Son absence demeure une présence menaçante. Pire encore, jour après jour, elle conclut que son père ne doit plus exister. À vrai dire, elle en est rendue à fantasmer sur sa mort. Il empoisonne son existence tout simplement par son absence, les empêchant tous d'avancer. Son ancienne amie Dorquise a quitté l'orphelinat parce qu'elle a eu un nouveau papa. Pourquoi pas elle ? Marie en a déjà un, mais il lui interdit de vivre. Il a installé autour de son équilibre l'étau paralysant de l'abandon. Les discours contradictoires de tout un chacun ancrent sa vie sur du pernicieux. « C'était un homme extraordinaire, avec une philosophie de vie que personne ici ne comprenait », de dire tante Marguerite. « C'était un *looser*, bon débarras qu'il ne soit plus dans nos pattes », d'ajouter oncle René.

Qui croire ? Que comprendre ? Marie se convainc, certains jours plus brumeux, qu'elle canalise ses énergies sur l'inutile, le vide, continuant d'aménager son quotidien autour du déni, collectionnant à droite et à gauche des vérités ou des mensonges impossibles à désavouer.

— Pourquoi ne pas dire simplement la vérité, ma chouette ?

— Maman, tu ne comprends rien, toutes les filles ont un père, vivant ou mort, alors moi, qu'est-ce que je dis ?

Elle a tissé une toile dans laquelle elle se trouve empêtrée. Tant et aussi longtemps que son père restera un père virtuel, il encombrera sa vie, il dirigera son existence. Si son passé disparaissait, sa vie serait transformée comme par magie. Sa renaissance est tributaire de sa disparition.

— Et aujourd'hui, de quoi j'ai l'air? J'ai toujours agi comme s'il vivait à la maison.

— Aujourd'hui, je te le répète, tu n'as qu'une voie à suivre: tu dis la vérité.

— Et je passe pour une qui?

— Tu ne t'en sortiras pas autrement.

Il lui faut un événement libérateur. Ce miracle, elle le suscitera. Elle se sortira de ce bourbier de l'attente dans lequel elle s'empêtre depuis trop d'années déjà. Tout ça n'est pas très louable, mais elle désire sa mort. Parce qu'elle seule la libérera, elle en est convaincue. Les grandes vacances s'en viennent à nouveau. Ce sera le moment idéal, puisqu'au retour, Céline la questionnera sur le déroulement de son été. Sa mort la délivrera et fera d'elle une fille affranchie. Elle lui inventera une mort, une mort bien crédible: son père mourra subitement d'une crise cardiaque. Voilà, ce n'est pas compliqué!

Les élèves sont revenues. Les pensionnaires, dont Marie n'est plus, sont déjà réinstallées. Céline, elle aussi étudie en externe depuis belle lurette. Pour toutes, c'est le branle-bas de combat. On cherche les nouveaux locaux, on court à la procure acheter livres et cahiers. Il y a des absentes, elle se demande bien où elles sont passées. Chacune veut raconter ce qu'elle a vécu durant la saison estivale. Toutes sont excitées de se revoir et de déballer leur été. Pour Marie, la conversation s'étiole depuis un petit moment. Elle a liquidé le bilan de ses vacances en un rien de temps. Encore beaucoup de fictif. Mais quand même certaines choses vraies.

— Nous nous sommes à nouveau retrouvés en famille dans un chalet que mes parents ont loué cette fois-ci à Terres Rompues, mais encore sur les rives du Saguenay.

À moitié vrai. Son père n'y était évidemment pas et, en ce qui a trait à ses frères et à sa sœur, ils ne sont sortis de l'orphelinat que pour un court laps de temps.

— Et le reste de tes vacances?

— Le reste? Ben, j'ai emprunté des livres à la bibliothèque. J'lisais, et les remplaçais lorsqu'ils étaient terminés. Voilà, ç'a été ça, mes vacances.

— C'est tout ce que tu as fait?

— Ouais! C'est tout!

Céline raconte toutes les activités qui ont meublé son été. Oh la la! C'est époustouflant. Elle divise son récit en périodes. La première, elle s'est tout de suite rendue à Old Orchard. Au retour, il y a eu le chalet et les partys de famille. Et dans la troisième, elle est allée à l'île d'Orléans, chez les tantes, les oncles «de par là». Chez son oncle Thomas entre autres.

— J'courais dans les champs. Je jouais des heures et des heures à la marelle avec mes cousines. On sautait à la corde, on faisait des concours à savoir qui sauterait le plus haut et durerait le plus longtemps, qui ferait les meilleures acrobaties sans se barrer les pieds. Crois-le ou non, avec mes cousins, c'était pas mal le fun aussi.

Marie envie ces vacances à la plage, à la campagne, dans les champs, dans le verger de l'oncle Thomas, les pommiers, les pruniers, les cerisiers chargés de fruits. Elle imagine Céline grimper aux arbres, escalader les montagnes, jouer à la marelle. Elle l'entend chanter: «Trois fois passera la première, la dernière, trois fois passera la dernière y restera...» Elle se figure ce merveilleux temps, celui d'une enfance choyée, en liberté, et ses yeux se remplissent de larmes.

— Qu'est-ce que t'as, t'as les yeux pleins d'eau ?

— Tout ça est si beau.

Muette de gêne et d'embarras, Céline change de sujet. Marie se ressaisit. Elle cherche un éclair de génie pour raconter quelque chose d'insolite, une performance qui lui soit propre à lancer comme ça, comme si de rien n'était. Mais son amie la devance pour ajouter :

— Tu devineras jamais quoi, par rapport à mon cousin...

— Non, mais tu meurs d'envie de m'le dire, pas vrai ?

Elle essaie d'imaginer. Rien de quelconque surtout, Céline vit toujours des choses fantastiques, alors elle reprend du tac au tac.

— Par rapport à ton cousin, c'est ça ? T'es tombée amoureuse de lui ?

— T'es folle, ou quoi ! Mon cousin, quand même... Non. J'ai commencé à conduire une voiture, il m'a montré comment.

Céline, comme pour régler une interrogation qui la hante depuis le début de sa vacance, lui demande :

— Vois-tu, tout l'été, j'rêvais à l'idée que t'étais avec moi au chalet, qu'on s'faisait ben du fun.

C'est le coup de grâce pour Marie. Elle ne peut quand même pas lui répondre que si elle s'était pointée à son chalet, il aurait fallu que Céline vienne chez elle à son tour. Elle est là, la seule réponse possible. Pourtant, elle se tait, et Céline d'ajouter :

— J'me demande bien pourquoi tu veux jamais venir. Ma mère prétend – je sais pas si je dois te le dire – que c'est parce que tu veux pas que j'aille chez toi. Un soir, je l'ai entendue dire à mon père : cette petite a quelque chose à cacher, c'est pas normal.

Dans la tête de Marie, profondément troublée, les images se bousculent, toutes plus confuses les unes que les autres. Prise de panique par le commentaire, elle décide sur-le-champ de classer la mère de Céline comme une femme à potins. Mais au lieu de le lui dire, elle répond tout bonnement comme ça :

— Céline, tu sais-tu quoi, mon père est mort cet été.

— Ton père est mort !... Pas vrai ? Je suis désolée, vraiment désolée, Marie. Il est mort de quoi, d'un accident ?

— Ben non, il est mort du cœur. D'une crise cardiaque. Ouin, d'une crise cardiaque.

Céline ne commente pas sa répartie, pas plus qu'elle ne demande d'explication supplémentaire. Marie a eu la présence d'esprit qu'il fallait, fière d'avoir trouvé le moment et la manière d'expliquer que son père n'est plus. Elle ne s'était pas du tout imaginé que ça se présenterait aussi facilement. Il faut convenir qu'elle s'y était préparée. Durant tout l'été, elle a entendu parler d'emplacement, de concession, de lot au cimetière par grand-mère – « elle qui a prévu même le lieu où elle nous embêtera encore après sa mort ». Abattue, elle vient de penser au pire : Céline en parlera sûrement à ses parents qui, là encore, trouveront quelque chose de louche là-dedans. Ça renforcera certainement l'idée qu'elle a quelque chose à cacher. Et ils appelleront assurément sa mère pour lui offrir leurs condoléances. Flûte ! Elle n'a pas envisagé la chose quand elle a lâché cette absurdité. Elle est bien tentée de se rétracter, de lancer tout de go que tout ça est une farce, une invention de sa part pour voir comment son amie réagirait. Et puis, non, elle ne revient pas sur ses paroles.

— Oh ! j'suis ben triste. Un père, c'est tellement important.

— Ça doit être dur pour toi ?

— Très dur, très très dur !

Elle le dit avec de vraies larmes dans les yeux, lui confirmant à quel point elle a de la peine. Curieusement, son chagrin est véritable. Un peu plus et elle se mettrait à chialer pour vrai. Ce doit être comme ça, quand on perd un parent, surtout quelqu'un qu'on a aimé et, dans son cas, espéré si longtemps.

La nouvelle de la mort de son père se répand comme une traînée de poudre dans le collège. Les filles sont empathiques à son égard. Elles ne semblent pas trouver bizarre que personne ne fut mis au courant. Elles doivent conclure que c'est à cause des grandes vacances. Étrangement, les parents de Céline ne téléphonent pas à sa mère. Elle trouve même qu'ils manquent de manière, tant elle est convaincue du bien-fondé de sa supercherie.

Pourtant, un matin, sa mère rapplique :

— Qu'est-ce que c'est cette histoire, que ton père est mort ? La directrice du collège m'a téléphoné pour m'offrir ses condoléances.

— Et qu'est-ce que tu lui as répondu ?

— Que je l'apprenais d'elle. Tu n'as pas inventé encore des histoires, j'espère ?

— Des histoires ? J'aurais dû en faire bien avant, car c'est tout comme s'il était mort. Et ça s'est terminé comment avec la directrice ?

— Finalement, je lui ai dit que tu aimes bien parfois échafauder des romans et blaguer pour te rendre originale.

À la maison comme au collège, il n'y a pas de vagues. S'il y en a eu, elles ont buté sur le rivage rapidement. Elle joue discrètement à l'orpheline affectée, oui, mais sans trop, il ne faut pas susciter les interrogatoires. Son père mort, elle ne se trouve pas au bout de ses peines.

Aux yeux de Céline, Marie est devenue orpheline. Ainsi Marie se dit qu'elle peut maintenant l'inviter à la maison, qu'elle ne cherchera pas son père. Elle veut bien introduire son amie dans sa « nouvelle » vie, mais elle n'a pas réfléchi que Céline la retrouvera dans son minuscule logement, seule avec sa mère. Alors, où est donc passé le reste de sa famille ? De ses frères et de sa sœur, il n'y a pas l'ombre de leur présence : pas de vêtements, pas de jouets non plus. Pour cause, ils végètent toujours à l'orphelinat, et l'orphelinat n'existe pas pour son amie : Marie n'en a jamais parlé. Elle se trouve une fois de plus piégée. Elle ferme les yeux, les souvenirs la rongent, son passé la pourchasse. Elle inventera un autre subterfuge pour se sortir de ce nouveau guêpier. Mais comment ? Ne plus être son amie, ou dire la vérité ? Elle échafaude un plan qui ne tient pas. Si elle disait simplement ce qu'il en est à celle qu'elle qualifie d'amie ! Cela lui ferait tant de bien. Mais si Céline la met de côté ?

# 9
# Éphémère

À la rentrée suivante, bizarrement, Céline n'est pas là. Marie ne sait pas pourquoi. Peut-être est-elle malade ? Mais elle ne se présente pas le lendemain, ni les jours suivants. Depuis bientôt trois semaines qu'elle ne vient pas au collège. Marie questionne à tour de rôle tout un chacun. Personne ne sait. On suppose : oui, c'est ça, elle doit être malade ! Et un soir, en début d'étude, la sœur surveillante annonce à la salle que Céline a quitté le collège.

— Votre compagne ne terminera pas son cours classique parmi nous.

Marie se sent défaillir. Pourquoi cela lui arrive-t-il tout juste au moment où elle est enfin disposée à révéler à son amie qui elle est ? Parce que Marie n'a pas su la retenir, lui dire clairement qu'elle tenait à elle. Pourquoi Céline ne lui a-t-elle rien dit sur ce départ ? Marie se rend questionner sœur Sainte-Claire, elle qui a accepté, sans reproche, le dessin du beau visage de son amie.

— Céline ne vous a pas trahie. Elle n'en savait rien. Son papa a été transféré à l'extérieur, dans une autre ville.

— C'est pas vrai, c'est pas juste.

— Qu'est-ce que vous voulez que je vous dise, ma chère enfant, dans un collège, c'est comme ça. Les compagnes vont et viennent, elles ne sont que de passage. Lorsqu'on s'attache, on risque d'avoir mal, vous savez.

— Dans une autre ville ? Mais où ?

— À Montréal !

— Mais c'est très loin. Mon amie ne m'a jamais parlé de ça.

— Je vous le répète, elle ne le savait pas. Son papa et sa maman ne voulaient certes pas l'inquiéter avant que tout soit décidé.

— Ça peut pas finir comme ça.

— Vous l'aimiez beaucoup, n'est-ce pas ? Ceux qu'on aime arrivent et repartent souvent sans faire de bruit. C'est comme ça dans la vie.

Marie hoquette, le nez lui dégoutte.

— C'est trop bête.

— Pleurez un bon coup, c'est le temps, ça fait du bien. Savez-vous quelque chose, mademoiselle ? C'est qu'à votre âge, on se refait vite une amie.

— J'veux pas que vous disiez ça. Moi, j'veux pas d'autre amie.

— Allez allez, vous verrez, avec le temps, on oublie. Vous n'avez pas le choix, il faudra vous ressaisir et surtout ne pas broyer du noir.

Abandonnée à nouveau, voilà comment Marie se sent. Sœur Sainte-Claire semble si bien comprendre. Peut-être a-t-elle perdu, elle aussi, un grand amour un jour. Elle revoit les yeux de velours de Céline, ses cheveux d'ébène, ses gestes gracieux, et regrette, regrette encore de ne pas lui avoir dit comment elle était belle, ce qu'elle représentait pour elle. Elle se reproche surtout de ne pas lui avoir confié ses secrets, qui elle était vraiment. Ainsi Céline pourrait au moins se souvenir de quelqu'un qui a existé, de quelqu'un de vrai. Et ne pas l'oublier. Maintenant, il est trop tard… Marie ne sait rien, rien, rien du tout, même pas où elle se trouve. Non, non, non, elle sait que Céline est à Montréal, dans la même ville que son père.

Des mois passent. Marie se tue désespérément à étirer le temps. Désœuvrée, elle ne voit pas à quoi ça rime de miser sur une nouvelle amitié s'il faut anticiper, tôt ou tard, une fin. Elle choisit de faire le vide autour d'elle. Et ça réussit. Elle vit en marge des autres filles du collège. Seule, elle ne peut s'en prendre qu'à elle-même, elle entretient cet état d'esprit, esquive toute initiative de qui que ce soit. Approcher une autre fille ne l'intéresse pas. Lorsque Céline fréquentait le collège, Marie s'était habituée à n'avoir qu'elle comme amie. Et même si cette amitié demeurait confinée aux heures scolaires, elle était comblée.

Maintenant, à l'intérieur comme à l'extérieur de l'école, Marie est isolée, triste : le vide total ! Comme si elle s'y complaisait, elle ne cherche même pas ce qui pourrait la sortir de ses pensées mélancoliques. Elle retourne en classe à reculons, uniquement pour ne pas sombrer, mais la motivation n'y est pas. Le reste du temps, elle le passe le plus souvent à la bibliothèque de la ville, sa maison d'adoption, son refuge. Elle reprend sa routine d'avant Céline et ne la change guère. Elle file vers ce lieu de prédilection, en accentue la fréquentation, car dorénavant, il remplace son amie perdue. L'odeur caractéristique de la bibliothèque l'apaise, elle s'en remplit les narines. Elle inspire longuement l'effluve des vieux parchemins moisis et poussiéreux, mêlée à celle d'eucalyptus. À l'avance, elle imagine déjà ce qu'elle y trouvera, sachant par habitude que c'est quelque chose de calmant et de consolant. Marie se sent dorlotée dans cet endroit !

Cet après-midi, elle grimpe à la hâte les nombreuses marches de l'escalier central et franchit la grande porte de bois sculptée. Peu de monde, une ou deux personnes penchées sur des ouvrages. Un calme invitant. Elle déambule dans les allées, touche, prend et rejette, absorbée par l'espoir de rencontrer le livre qui lui fera signe, qui l'invitera. Elle aime étirer le temps, elle ne s'ennuie jamais dans cet endroit. Marie n'a pas besoin d'une amie en chair et en os. Des centaines et des centaines de livres sur les étagères attendent d'être élus. Les murs, entièrement tapissés de rayonnages de bouquins, entourent de longues tables rectangulaires formant l'enceinte. Des échelles montent ici et là, permettant l'accès aux écrits énigmatiques, aux textes précieux des étages supérieurs. Des œuvres rares, entassées, accolées les unes aux autres, brillent; des couvertures soufflées, à tranche dorée, coupées du cérémonial signet de soie. Précautionneusement, Marie les tâte, caresse la reliure de cuir brun ou rouge, hume leur parfum camphré.

Ils ont été écrits, pour la plupart, au siècle dernier. Elle est émue, l'atmosphère prête au recueillement. Envahie d'un bien-être familier, elle se glisse doucement dans ce réconfort. Longtemps, longtemps elle demeure là, immobile, à repérer *le* livre prédestiné qu'elle rapportera à la maison. Le stratagème recommence jusqu'à ce qu'elle ait fait le plein de romans désirés. Satisfaite enfin, elle se rend au comptoir des prêts pour enregistrer ses précieuses trouvailles. Une fille d'à peine quelques années de plus qu'elle l'accueille, prend les livres convoités et la regarde. Elle a les mêmes grands yeux bruns que Céline.

— Vous pouvez les garder pour une semaine mais, malheureusement, vous n'avez droit qu'à deux d'entre eux, vous devez faire un choix.

Marie connaissait ce règlement depuis des lunes, mais elle voulait le lui entendre dire, entendre sa voix. Alors, elle tend les mains pour les reprendre et demande :

— Lesquels prendriez-vous, si vous aviez à choisir ?

— Le choix est difficile, vous avez fait une excellente sélection. Mais si vous me demandez mes choix, moi, je prendrais Mauriac et les fables de La Fontaine. Baudelaire vous attendra, revenez le chercher plus tard.

Sans réticence, la fille n'a pas hésité à se prononcer. Voilà quelqu'un de branché, de décidé, se dit Marie ; elle l'aimerait bien comme amie celle-là. Marie repart, les livres sous le bras, sans être allée plus loin dans ses intentions. Elle reviendra lui parler à nouveau.

Elle a une raison de plus de courir à la bibliothèque, l'espoir de revoir celle qui enregistra son prêt la semaine précédente, celle qui lui rappelle Céline. Et quoi d'autre ? Dans l'espoir qu'elle, elle ne s'enfuira pas. De retour à la maison, Marie plonge tête première dans ces prodiges et s'évade dans des mondes merveilleux. Elle lit pour survivre, pour échapper à sa routine ou tenter de comprendre et, maintenant aussi, pour oublier Céline. Ses livres la transportent dans le rêve, ils sont tout à la fois ses compagnons d'infortune et l'amie perdue. Écrasée au fond du lit de sa mère, celui qu'elles partagent toutes deux, Marie dévore ces paradis existentiels. Et dès que sa mère sombre sous le poids de la fatigue, Marie allume sa lampe de poche pour poursuivre sa lecture.

Au matin, souvent sonnée, elle retourne fébrilement en classe, en attendant les jours de congé, où elle ira à nouveau à la bibliothèque faire réserve d'évasion. Elle se conforte, se persuadant qu'elle est privilégiée de s'aventurer dans ces univers exclusifs où elle n'a pas à subir le caquetage lamentable d'une telle ou d'une telle.

Ce n'est pas l'avis de sa mère.

— Tu es blême comme la mort, va mettre le nez dehors, va t'aérer un peu. On dirait que depuis que Céline n'est plus, il n'y a rien d'autre qui existe. Tu passes tout ton temps le nez dans un livre, écrasée sur le fauteuil. Tu n'as pas le goût d'avoir une amie ?

— Il n'y a plus rien d'autre, c'est vrai. Une nouvelle amie, non, je n'ai pas le goût. Ce sont des pies-grièches insipides toujours agglutinées entre elles, à pérorer sur la mode, le maquillage et les garçons. Il faut me croire, rien de palpitant. Je trouve leurs conversations ennuyeuses, leur discours insignifiant ! Et pis, moi, qu'est-ce que j'y connais à ces sujets ? Ça ne m'intéresse pas ! Quand vas-tu t'arrêter de me rebattre les oreilles ? Ma foi, c'est devenu une marotte. Je n'en ai pas envie, un point, c'est tout. Je suis bien ainsi. C'est comme ça !

— Écoutez-moi ça ! Les filles de ton âge ont toutes des amies, tu sais ?

— Tant mieux pour elles. Moi, je n'en ai pas.

— Et en plus, toi, tu t'arraches les yeux à lire la nuit, me prends-tu pour une imbécile, je m'en rends compte, va.

Et le discours recommence. Sa mère ne se lasse pas de son obsession pour les amies, et se bute sans cesse à une fille intraitable sur le sujet. Qu'elle juge que Marie ne fait rien de ses journées en les passant le nez dans les livres, qu'il n'est pas normal d'affectionner la solitude, voire de la préférer à l'amitié, la met hors d'elle. Bon, elle admet toutefois qu'elle a raison sur un point : elle est un peu trop souvent mélancolique et morose. Par contre, ce ne sont pas les amies qui règleront ses états d'âme. « J'suis comme je suis ! J'suis comme ça ! »

Pour le moment, Marie est persuadée de n'avoir rien à offrir à personne, et que ces filles ne peuvent rien lui apporter. En amitié, il faut s'investir, se livrer, donner accès à son intimité et à ses lieux de vie. Elle y était presque avec Céline. Maintenant, tout ça est du passé et ce serait à recommencer ? Non, elle ne recommencera pas. Pas plus qu'elle n'a le goût ni le courage de confier à sa mère la confusion dans laquelle elle se trouve, la douleur éprouvée quant à la perte de son amie et les mensonges qui tissaient leurs liens fragiles. Sa mère connaissait pourtant l'existence de Céline avant, et jamais elle ne l'a questionnée à son sujet : ce qu'elle représentait pour elle et pourquoi Marie ne l'invitait pas à la maison, si elle tenait tant à elle. Marie aimerait que sa mère se rende compte par elle-même de ce qui l'affecte et comprenne. Mais ni l'une ni l'autre n'aborde le sujet. Marie conclut, pour sa part, que sa mère en a déjà assez sur les épaules, qu'il n'est pas nécessaire d'en rajouter. Quoi qu'il arrive, elle lui radoterait encore que ce n'est pas grave – une de perdue, dix de retrouvées – et que la prochaine fois, elle n'aura qu'à dire la vérité. Alors, Marie la laisse parler, il vaut mieux se taire, demeurer secrète, sur ses réserves. Elle sait, elle, que la vérité avec des amis, ce n'est pas nécessairement toute la vérité. Alors qu'avec Céline, toute la vérité, c'était la fidélité, la loyauté.

Le temps passe. Au collège, Marie fait maintenant partie des grandes de versification. Elle ne s'en laisse plus imposer comme dans les premières années. Ainsi, la minute tant attendue pour prendre sa petite revanche sur la sœur économe est enfin arrivée. Les conditions sont réunies: Marie est demandée à la procure, son paiement mensuel retarde de deux jours. La sœur, comme d'habitude, use de condescendance à son endroit. Elle n'a de cesse de la questionner sur sa mère depuis sa démission du collège. Marie joue de fanfaronnade pour finalement prendre un malin plaisir à lui annoncer qu'elle enseigne à l'école publique et qu'elle détient déjà une permanence. Le ciel lui étant favorable, le moment propice se présente à elle pour lui poser enfin directement la question qui lui brûle les lèvres depuis si longtemps, car elle a pris drôlement du pic depuis.

— Vous vous souvenez des prix de fin d'année d'Éléments latins? Pourquoi m'avoir donné une statuette endommagée?

Comme elle s'y attendait, la sœur feint de ne pas se souvenir, mais ça sent le mensonge à plein nez. Marie est déterminée et revient à la charge. Ne pouvant plus se soustraire, sœur Saint-Léandre répond:

— Ah oui, je me rappelle, là ! Vous ne l'aimiez pas votre Sainte Vierge ? Elle était pourtant jolie.

— Ce n'est pas que je ne l'aimais pas. Mais elle était écorchée, un morceau manquait à sa tunique.

— Écorchée ? Comment ça ?

— Elle était écorchée, j'ai dit. Et vous le saviez.

— Un rien du tout ! Juste un petit coin de sa tunique était effrité, probablement dans le transport. Un peu de couleur et le tour aurait été joué, rien n'aurait paru.

— La question n'est pas là, ma sœur, ce que je vous demande, c'est pourquoi me l'avoir attribuée ?

Marie, la tête haute, reste calme et choisit de dévisager la sœur avec arrogance. L'adolescente de quinze ans prépare sa réplique avec soin. De l'hypocrisie de l'économe, elle se libère enfin. Elle est plus en contrôle, plus forte, moins craintive. Elle se sent disposée à afficher l'esprit malicieux de la petite fille de jadis, l'esprit de celle qui adorait piquer à vif et se faire mordante. Elle trouve le courage de lui tenir tête, de la regarder droit dans les yeux. Plutôt mourir que de perdre l'occasion de lui sonner les cloches pas à peu près.

— Ma sœur, vous ne dites pas la vérité. Je suis scandalisée par une telle attitude de la part d'une religieuse. Ce n'est pas très édifiant. Ne devez-vous pas donner l'exemple ? Vous mentez effrontément. Qu'est-ce que vous faites chez les sœurs ? Vous n'êtes pas à votre place, mais vous êtes trop lâche pour l'admettre et sortir de religion.

La religieuse en reste le souffle coupé. Oh la la ! Ce qu'elle est outragée, la bonne sœur. Elle fulmine, gesticule, classe et reclasse des papiers pourtant rangés sur des piles bien alignées, à la vitesse de l'éclair. Malgré tout, elle trouve le tour d'insulter à nouveau Marie.

— Vous n'aviez pas les moyens de lever le nez sur ce qui vous était donné en pure gratuité. Vous étiez bien capricieuse et poseuse pour une fille qui sortait de l'orphelinat.

Marie écoute non plus avec résignation ces insultes, car elles viennent de toucher une corde sensible.

— Je vous ai dit ce que je pensais de vous. Je vous ai même ménagée, car la liste s'allongerait.

La vérité est sortie du sac. Sa bravoure demeure et son effronterie s'accentue. Elle rebrousse chemin et reprend du poil de la bête. Capable de s'exprimer, elle dispose maintenant des mots pour le dire.

— Ma sœur, j'ai honte pour vous. Je vous le redis, vous devriez vous confesser, vous n'êtes pas digne d'être une religieuse.

Tout en s'en allant, elle repense à grand-mère, et se dit qu'elle reconnaîtrait l'effrontée petite-fille qu'elle a toujours prétendu qu'elle était, celle qui rouspétait sur tout : « Le repas est servi ? Je ne vois qu'une nappe sur la table. Tu appelles ça un repas servi, grand-mère ? » Mais que grand-mère serait fière d'elle de ne pas se laisser faire, de rétablir la vérité. Et son père donc, lui qui ne les avait pas en odeur de sainteté, les bonnes sœurs. Il rirait sous cape et serait doublement heureux de constater que sa princesse se tient debout, ressuscitant la petite peste de jadis.

## 10
# Période mystique

Depuis quelques semaines, Marie se rend au cloître presque chaque matin pour assister à la messe de cinq heures. Tout d'un coup, elle est habitée de bondieuseries. Loin d'elle l'idée de revendiquer une quelconque ferveur : elle en a plein le dos depuis longtemps de toutes ces simagrées dévotes. Pourtant, le cloître, situé à deux pas de chez elle, l'envoûte. Le tintement de la cloche fêlée conviant les sœurs à la prière la trouble. C'est comme si elle se sentait interpellée au même titre qu'elles et, au petit matin, elle répond à l'appel les yeux encore bouffis de sommeil.

L'oratoire est divisé par la nef en deux sections : les religieuses d'un côté et les fidèles de l'autre. Un mur grillagé en métal, recouvert d'un voile noir transparent, isole leur section. Elle ne les aperçoit qu'à demi, alors il lui est difficile de traduire le va-et-vient des nonnes dont Marie est fort intriguée. Sa liturgie consiste à découvrir ce qui se passe de l'autre côté. Sa contemplation porte sur le cérémonial en cours et non sur le Très-Haut ou sur l'office religieux. Marie reste subjuguée de voir déambuler à pas feutrés ces silhouettes anonymes, d'entendre leurs chants grégoriens psalmodiés dans une atmosphère d'outre-tombe. Ces êtres éthérés la fascinent, ces sœurs retirées, cachées sous leurs voiles, sont et ne sont pas, tout à la fois.

Alors qu'elle a toujours vu le fameux rideau de tulle baissé du côté de l'assistance, voilà qu'on vient de le lever.

Marie ne comprend pas ! Quelque chose d'inhabituel se trame : la section du cloître est à découvert, lumineusement éclairée, et on voit distinctement à l'intérieur. Des œillets blancs jonchent l'enceinte. Des cordons, confectionnés aussi de fleurs blanches, enguirlandent la petite chapelle et de larges festons dorés enjolivent l'autel. Le sanctuaire, habituellement sombre et austère, irradie sous des lumières scintillantes. Elle est éblouie : la vie sonne haut et fort de l'autre côté du grillage, ça lui semble insolite. Des religieuses vont même jusqu'à s'aventurer à jeter un œil du côté de l'assistance profane. Ce monde inexistant semble ressuscité d'entre les morts. Ce n'est pas la Pâques ni une autre fête religieuse, alors quoi ? Sa voisine, à qui elle vient d'offrir de grands yeux interrogateurs, l'informe qu'une postulante prend l'habit de novice.

À peine dit qu'une jeune fille, cheveux attachés, se présente dans la nef vêtue d'une sorte de robe de nuit en drap blanc qui descend jusqu'aux chevilles. Elle se dirige vers l'autel où elle se met à genoux. À sa droite s'empile sur une table un assortiment de chasubles, de vêtements et d'ornements divers. Une religieuse s'avance vers la jeune fille et coupe d'un trait sa magnifique tresse rousse qui tombe tout du long au sol. La scène lui rappelle son entrée à l'orphelinat où ses cheveux avaient reçu le même traitement. Marie a les yeux exorbités sur l'objet inanimé qui jonche le plancher de la nef. Puis, à la va-vite au ciseau, la sœur s'attaque à la chevelure restante. Un dégradé informe laisse entrevoir le crâne presque nu d'une jeune femme résignée. Marie entend le célébrant préciser que cela est en guise de dépouillement et de renoncement. Après que celui-ci ait béni une longue et large robe blanche, la sœur aide la candidate à la revêtir. Pour la circonstance, le prêtre fait le même cérémonial pour chaque vêtement, ou article assorti, qui s'ajoute à l'habillement de la postulante. Il tend à une religieuse très âgée, toute de noir vêtue, un premier morceau :

deux longues bandes d'étoffe avec un trou au milieu. La sœur fait passer la tête de la jeune femme à travers le trou, ajuste discrètement les panneaux pour qu'ils tombent bien des épaules de chaque côté et s'ajustent d'avant en arrière. Et le célébrant de dire : « Recevez ce scapulaire symbole de chasteté ; qu'il vous garde pure aux yeux de Dieu, mais aussi aux yeux des hommes. »

Puis, il prend un crucifix suspendu par une corde, le bénit et le présente à la femme agenouillée. Celle-ci le baise, puis le remet à la religieuse debout à ses côtés. Avec précaution, elle le passe au cou de la jeune femme, et le célébrant d'ajouter : « Ce crucifix représente le Christ, votre époux, pour lequel vous acceptez de mourir au monde, comme lui a consenti à le faire sur la croix, afin de le suivre dans le dénuement et la pauvreté. » Le rituel se poursuit avec un cordon rugueux – accessoire qui semble à Marie pour le moins curieux – que peut-il symboliser ? La sœur le cintre à la taille de la nouvelle promue. Le célébrant marmonne un jargon en latin qui explique sans doute le pourquoi. Marie s'attarde plutôt à épier chaque geste avec un intérêt scrupuleux. Figée, elle attend avidement la finale.

Le fameux cordon symbolise le remords, l'expiation pour les fautes commises. Cette ceinture de crin doit servir quotidiennement. « Au moins une fois par jour », explique le célébrant dans son homélie. Il semble savoir, lui, mieux que quiconque ce qui se passe au fond des âmes puisqu'il reçoit les confessions. Il précise qu'il appartient à chaque religieuse de trouver ses manquements : « Il y en a, mes sœurs, chez qui la chair est faible. Comme il vous faut tendre à la perfection, vous devez y voir quotidiennement. »

À propos de tout et de rien, elles doivent faire pénitence : pour des peccadilles, des choses ridicules pour le commun des mortels, mais qui sont des actes répréhensibles ou des pensées condamnables pour une épouse du Christ. Sa voisine lui chuchote en sourdine : « Quelles fautes peuvent-elles bien commettre ces bonnes sœurs accoutrées de la sorte, à moins d'en inventer ? » Marie se rappelle, a en mémoire les nuits du grand dortoir de l'orphelinat, là où elle a repoussé les propositions de l'une d'elles. Elle aurait une réponse toute faite : en carence d'amour et d'exutoire aux tentations, les sœurs commettent des fautes. Elle sait ce dont certaines sont capables. Il y a des sœurs qui n'ont pas besoin d'inventer, elle en connaissait une au temps de l'orphelinat.

Marie ne peut se détacher de la vue de cette nouvelle novice. Devant elle, une jeune fille de son âge. Sidérée, elle écoute chaque mot prononcé et observe chaque geste posé comme s'ils lui étaient destinés, comme s'ils s'adressaient à elle. Maintenant, la postulante est recouverte d'une large cape attachée sous le cou. Le prêtre discourt toujours. Marie n'entend pas distinctement ce qu'il explique à propos de ce manteau, mais elle en comprend qu'à lui seul, il protègera contre toutes les attractions mondaines, ou quelque chose du genre. Puis, revêtue de tout cet accoutrement, la novice se déplace pour se coucher à plat ventre sur le carrelage, les bras en croix : c'est le bouquet ! Le prêtre l'asperge d'eau bénite et les sœurs se lancent dans une litanie d'éloges liturgiques. Marie se sent tout à coup interpellée. Il n'y a pas de parcours de vie plus enviable, plus séduisant. Elle a trouvé sa voie, la sienne, elle sera augustine cloîtrée. Ce n'est pas peu dire, elle deviendra une sainte.

Cette lubie religieuse dure toute une année. Assidûment, Marie remonte son réveil pour quatre heures le matin. Les membres endoloris, le visage gonflé de fatigue, elle se rend au cloître en courant pour la messe de cinq heures. Plus c'est difficile, plus elle estime ses efforts louables. Ne se sanctifie-t-elle pas ? Du moins elle se rapproche indéniablement de la perfection. Elle a sa façon bien à elle d'y arriver. L'hiver est encore plus mortifiant, beau temps mauvais temps, elle empoigne manteau et bottes pour partir dans le petit matin glacial. Rien ne lui semble impossible, la sainteté devient accessible. Elle s'exerce au dénuement : elle trouve facilement des manquements à expier. Tout de même, elle ne se flagelle pas encore. Elle estime qu'au comble du dénuement, elle peut arriver aux mêmes résultats : détachée, insensible aux biens de ce monde. Voilà, rien de moins, Marie tend vers son idéal, atteindre la sainteté. Pour s'y rapprocher, devenir plus pâle et plus livide.

Plus sa mère s'inquiète, plus Marie a l'impression d'être près du but fixé. Elle n'entend plus ses jérémiades, elle se conforte dans des nirvanas d'exorcisme, se persuadant qu'un être qui atteint un tel niveau de perfection ne peut qu'être envié et aimé de tous. Simplement parce qu'il est beau au-dehors comme au-dedans.

Depuis quelque temps, Marie a des problèmes d'équilibre. Par deux fois, elle a perdu connaissance. Sa mère rouspète :

— C'est le comble. Tu es blême comme une vesse-de-loup. Tu ne manges pas assez, tu manques de fer. Va prendre l'air ou je t'amène chez le docteur.

— Pas question de docteur. J'mange déjà trop, beaucoup trop. Regarde plutôt tous ceux qui crèvent de faim. Et pis, « trouve-toi des amies », j'suppose ! Maman, change de discours.

— Je n'ai pas dit ça. Je parle de ta santé.

— Sauf que t'allais le dire, c'est certain, t'en parles tout le temps.

— Tu récites le bréviaire maintenant ?

— Ça dérange qui ? J'veux devenir meilleure, j'veux devenir une sainte. Y a-t-il du mal à ça ? J'veux entrer chez les cloîtrées.

— Qu'est-ce que c'est que ces imbécillités ?

— T'as bien entendu, j'veux entrer chez les sœurs cloîtrées.

— Le cloître ! C'est tout ce que tu as trouvé pour t'intégrer aux autres ? Là par exemple, tu exagères. Tu es tombée sur la tête, ou quoi ? Les bonnes sœurs, tu les hais comme la peste, tu ne pouvais pas les sentir il y a à peine quelques mois. Encore de l'orgueil mal placé. Contente-toi donc d'être une fille ordinaire.

Sa mère prétend qu'elle se construit tout un tas de chimères juste pour oublier. Pour ne pas faire face à la réalité.

— Peut-être que oui. Avec la réalité que j'ai, ce ne serait pas surprenant.

— C'est du théâtre tout ça. De la diversion. Tu n'as pas la vocation du tout, tu te réfugies dans des fuites, tu te racontes des histoires.

— Maman, tu ne comprends rien !

Sa mère ne la comprend pas. Elle ne peut pas, elle n'a jamais su ! Et comme la majorité des adolescentes en crise, personne ne peut y arriver. Seul son père le pourrait, alors elle l'attend, elle lui livrera ses secrets lorsqu'il reviendra.

Mais sa mère l'emporte finalement. Un matin, Marie s'enferme dans la salle de bain – le seul lieu de l'appartement où elle peut être seule – et se regarde dans la glace. Cette dernière lui retourne une fille singulière, maigre comme un clou, habillée dans des vêtements flottants hérités des tantes et cousines. Elle se sent mal dans sa peau et a peur de l'image réfléchie par le miroir. Marie convient que ça ne va plus du tout. Sa mère a raison, qu'est-ce que ça serait que de ressembler aux filles de son âge. Exaltée, elle ouvre le tiroir où sa mère range son bric-à-brac de maquillage, prend la petite bouteille de *make-up* et en applique exagérément une couche sur son visage. Son bouton récalcitrant disparaît sous ce masque crémeux. Elle sort le rouge à lèvres de l'étui doré, pince la bouche et jette une grimace au miroir qui affiche cette fois-ci le portrait d'une fille plus attrayante. Elle dessine un cœur flamboyant sur ses lèvres. Il ne manque qu'un air d'Elvis pour se sentir comme les autres. Sans doute, il en faut un peu plus, car elle a vite fait de se débarbouiller et de retomber dans son inertie. «J'en n'ai rien à tirer d'être séduisante ou désirable, rien du tout.» Alors, elle rebascule dans ses protections coutumières qui oscillent entre ses lubies sacrosaintes. Entretemps, à l'école, elle mène une vie d'étudiante modèle et s'échine à garder le premier rang en tout, en attendant la délivrance.

Mais peu à peu, Marie découvre que ce ne sont ni les prières ni la perfection qui vont l'aider à atteindre son but. Non, elle ne s'en sortira pas ainsi : c'est à elle, elle seule, de se donner la vie qu'elle veut bien se donner. Car sa délivrance a toujours le même nom : son père. Fallait-il qu'elle soit si désespérée pour inventer un tel dénouement. Bien naïve fut-elle de croire qu'il suffisait de rapporter son père mort pour que la page soit tournée. Faiblement, elle marmonne : «Je dois te retrouver, papa. Il le faut, et je le ferai. N'en doute pas. Mais qu'est-ce que je dois faire et par où commencer ?» «En temps et lieu tu trouveras, Marie, le moment n'est pas encore venu, dis-toi.»

## 11
# Une échappatoire

Céline n'étant plus au collège, Marie se cherche. Sa fascination pour le mystique était, elle le comprend mieux maintenant, un exutoire, un dérivatif pour échapper à sa réalité. Cette fascination s'estompe, s'éteint d'elle-même lorsque David se pointe sur sa route. Une fin d'après-midi, alors qu'elle est à la recherche de bois de grève récupéré ici et là pour monter un feu sur la plage, il se présente à elle les bras chargés de bûches d'érable. Il habite tout à côté, voisin du chalet qu'elle occupe à nouveau pour l'été. Depuis déjà un mois qu'elle y est avec toute sa famille et Marie n'avait pourtant jamais détecté la présence de ce gars-là, pas plus que celle de ses trois frères.

Pour Marie sonne le moment de s'affranchir. Avec ce nouveau venu ? Pourquoi pas. S'il faut passer par là un jour ou l'autre… Curieusement, David ressemble au père de Marie ; serait-ce là un subterfuge de plus ? David et ses frères forment un équipage du tonnerre, une bande de joyeux rivaux qui, à tour de rôle, essaient de se supplanter les uns les autres pour la charmer. Ils ont le don de la faire se sentir la belle du jour. Ils lui donnent l'illusion d'être unique et intéressante. Le summum : Marie n'a ni obsession à dissimuler ni passé à maquiller. Ils viennent, entrent et sortent de sa maison tout naturellement ; ils découvrent qui elle est, qui est sa famille, sans étonnement. Et elle laisse faire, se prélassant dans une vérité réconfortante. David sait pour l'orphelinat, sa mère est allée au-devant, lui a tout raconté, comme si c'était un honneur que d'avoir souffert. Effet tout de même heureux, il comprend mieux les retraits de Marie et ne requiert pas d'explication. Elle est en vacances, elle prend un répit !

Mais Marie ne peut s'empêcher de reprendre le carcan familier de la dérobade. David ne connaît que ce que sa mère lui a raconté. Elle, elle demeure hermétique sur son présent, sauf bien sûr l'image qu'elle veut bien lui renvoyer – une image de femme parfaite qui est fausse. Par surcroît, pour David, elle représente l'exotisme des filles de la ville. Marie joue donc et fait de son été à la campagne une scène de théâtre réussie. Elle ne demande rien de plus à David que de passer de bons moments.

À peine quelques semaines que David est dans sa vie qu'il presse à Marie de passer à l'âge adulte. Un jour ou l'autre, il faudra qu'elle en arrive là. David l'aime, pourquoi pas avec lui ? Ainsi, sans y attacher plus d'importance qu'à un beau coucher de soleil, elle choisit stoïquement de vivre ce passage obligé. Elle a seize ans et lui vingt-deux.

— Pourquoi restes-tu silencieuse ?

— Je ne sais pas, je réfléchis.

— À quoi penses-tu ?

— Oh ! Rien d'important.

— Ton regard est ailleurs, comme si tu t'attendais à autre chose. Ça ne va pas ? À propos, si tu m'avais affirmé que tu étais vierge, je ne l'aurais pas cru ; je ne m'en suis pas rendu compte.

— Et pourtant.

Sottise pour elle que David lui fasse part d'une telle étroitesse d'esprit. Elle, elle s'en fiche comme de l'an quarante de sa virginité, ça n'a aucune importance. Elle n'ose lui dire, lui avouer avoir trop exalté le geste d'aimer, qu'elle s'attendait à autre chose. Marie est désenchantée de sa première expérience : ce n'était que ça ! Si c'est ça, faire l'amour, alors, oui, elle est déçue. Nécessairement, c'est un guet-apens ; ses attentes, tant physiques que psychologiques, étaient exagérées peut-être. Pour le moment, dans sa réalité, ce qui importe, c'est sa déception. Mais pourquoi le dire à David, pourquoi lui imposer une telle atteinte à son orgueil ? Il ne s'agit à son avis que d'une formalité. Ce n'est pas la peine d'en faire tout un plat. Malgré cela, par instinct, elle pressent qu'il doit y avoir autre chose. De ces choses qui vous projettent dans un ailleurs extraordinaire, parce que… parce que…

Parce qu'on est amoureux, tout simplement ! Et elle ne l'est pas. Comment se fait-il qu'elle n'ait jamais remarqué les yeux de David ? Il a des yeux bleus, d'un bleu étonnamment profond qui éclaire une peau cuivrée de vieil Indien. C'est fou, mais quand on aime, ces choses-là n'échappent pas. Ne dit-on pas de tout temps que les yeux sont le miroir de l'âme ? Parce que David et Marie sont différents, trop différents, ils ne se rejoignent pas. De plusieurs années sa cadette, elle vient d'un milieu diamétralement opposé. Lui de la campagne, de parents agriculteurs peu scolarisés, centrés sur la survie, elle, de la ville, d'une famille ouverte et émancipée, pour qui l'éducation et l'instruction sont une finalité en soi. « Il n'y a pas que ça dans la vie, les études », aime-t-il souvent lui rappeler. David avoue bien candidement n'avoir jamais ouvert un livre de sa vie, et il ne s'en porte pas plus mal. Un, oui, il se souvient, mais il ne s'est jamais rendu jusqu'au bout ! Et, par-dessus le marché, il s'en glorifie. Somme toute, rien ne les rassemble.

Rapidement, Marie réalise la distance qui les sépare. Encore, si la passion y était ? Non, son désir ne suscite pas le sien. Son amour, si grand soit-il pour elle, ne l'atteint guère. C'est que Marie ambitionne autre chose de l'amour, tout en admettant que David doit demeurer ce qu'il est, qu'elle n'a pas à le changer. L'évidence crève les yeux pourtant, même si elle refuse de l'admettre : elle n'est pas amoureuse. Elle prend conscience que ce qu'elle aime en David, c'est d'être aimée, d'être aimée enfin. Le reste, elle s'en accommode. Par peur de se retrouver seule, elle choisit la solitude à deux. Marie n'a pas suffisamment de cran pour mettre fin à cette relation à sens unique, elle se défile. Au demeurant, elle tient le cordon suffisamment tendu pour maintenir l'équilibre, pas plus. David n'a pas à être présent dans sa vie, il existe, cela lui suffit. Elle se sent coupable de ne pouvoir lui retourner le centième de ses attentions. Aucune réciprocité, aucun échange. Marie remercie le ciel qu'il soit tout de même sur sa route, c'est un bon ami, bien sûr, mais pour le reste… Elle trouve des prétextes pour se soustraire à sa présence, et préfère de beaucoup ses romans à leurs tête-à-tête. À la longue, indifférente, elle prend sans compter, sans réaliser ses excès. Qui plus est, elle accepte mal que David ne puisse répondre à son attente de se faire le plus discret possible. Mais il ne l'entend pas de la même façon : il l'aime.

Il faut, il est plus que temps, qu'elle trouve le courage de lui dire la vérité, de lui avouer que ce qu'elle veut de lui, c'est une amitié qui n'a rien à espérer en retour. Elle aborde le sujet à pas de tortue, à l'aide de subterfuges déguisés. David lui explique qu'il ne veut rien savoir d'avoir une amie, il en a déjà, des amies. Ce qu'il recherche, c'est une amoureuse enflammée.

— Je crois pas pouvoir y répondre un jour, David.

— Ça viendra, t'es encore si jeune. En attendant, laisse-moi t'aimer pour deux.

— Tu crois que ça peut se transformer ?

— J'en suis persuadé.

Marie sait, elle, que ça risque fort de ne pas venir, que ça ne se transformera pas. Un tiraillement indescriptible s'installe dans sa tête, ne voulant pas le blesser.

Mais les jours avancent, déjà plus d'un an que ça dure. Pour arriver à vivre, ou inconsciemment à rompre,

Marie choisit de s'expatrier. Une pierre deux coups, car ses nouvelles responsabilités l'étouffent : elle est devenue la mère de substitution. Dieu que la charge est lourde ! À la maison, la famille s'est agrandie de sa sœur et du plus âgé de ses frères. Au bonheur de tous, ils sont réunis sous le même toit. Enfin, pas tous, car le petit dernier demeure toujours à l'orphelinat. Sa mère a juste assez d'énergie pour s'acquitter de son travail, elle laisse aller tout le reste. Marie s'approprie donc le rôle délaissé de sa mère et, sous prétexte d'effacer leurs années d'orphelinat, se donne le mandat de les éduquer, de reprendre le temps perdu et leur inculquer de soi-disant bonnes manières.

Ainsi, Marie a l'impression d'être en train d'escamoter une partie de sa jeunesse. Elle voudrait se sauver au bout du monde. Elle partira donc étudier à deux cents kilomètres de son patelin d'origine. Elle se conforte dans sa décision, car elle détient un argument honnête pour tous, et pour David surtout :

— Pourquoi t'en aller si loin ? Tu peux très bien étudier ici. Partir maintenant en plein hiver. Pourquoi n'attends-tu pas à l'automne ?

— Y'a deux admissions par année à Québec, une en mars et une autre en septembre. J'sauve du temps en bout de ligne. Pis j'libère la place, ça permettra au petit dernier de sortir à son tour de l'orphelinat. La famille sera enfin réunie plus rapidement.

Taciturne, David écoute le discours de Marie.

— On dit que la distance consolide les liens pour des amoureux.

— Ouais ! Ouais ! On dit aussi que loin des yeux…

— Mais j'reviendrai dans le coin plus vite.

— J'peux pas t'attacher, Marie.

S'accommode-t-il de sa décision ? Marie, elle qui déjoue les autres plus souvent qu'à son tour, se leurre-t-elle ? Y croit-elle vraiment ?

Mars n'est plus très loin. Marie prépare son départ avec fébrilité. Enthousiaste, elle ne manque pas de l'exprimer à qui veut bien l'entendre. David voit son trousseau se garnir avec tristesse, chaque article représente un ajout à son « coffre d'espérance ». Il comprend que leurs jours sont comptés, ce qu'elle nie avec toute la sincérité dont elle est capable.

— J'ai le pressentiment que j'vais te perdre à tout jamais.

— J'reviendrai souvent, tu verras, chaque fin de semaine de congé.

Début décembre, voilà qu'une tuile leur tombe sur la tête, que tout bascule.

— David, mes menstruations retardent de deux semaines. C'est épouvantable. Qu'est-ce que je vais devenir ? Terminé pour mon cours, je serai refusée sur-le-champ, pas d'étudiante infirmière enceinte.

— C'est simple, on va se marier si c'est ça.

— Pas plus d'étudiante infirmière mariée. C'est épouvantable !

David, lui, est ravi, tant pour l'engagement que par la venue d'un enfant. Marie se choque, ne veut rien entendre :

— Tu veux m'attacher, hein ? Hé ben là, j'suis enceinte ! C'est pas vrai. C'est pas possible, ça ! J'veux pas me marier, moi.

Une fois, une fois seulement, et elle se fait prendre : elle croyait que ce n'était que dans les romans, une pareille horreur. Affolée, la famille, le scandale. Quoi faire ? Oui, se marier, c'est pourtant la seule solution, et ils doivent faire vite. Un enfant hors mariage, jamais la famille n'accepterait, sa mère la première. Marie n'a pas le choix : pour éviter le déshonneur, elle se mariera.

— Tout doux, d'abord, il faut se fiancer, David.

Lui ne remet pas en question cette volte-face si rapide en regard de l'amour véritable qu'elle lui porte, et ce qu'elle cache. Cette décision permet à Marie de respirer, de mettre de l'ordre dans ses idées. Pour Noël, la mort dans l'âme, c'est à un repas de fiançailles qu'elle convie les siens.

Ouf ! Fausse alarme, ses inquiétudes s'avèrent injustifiées, Marie n'est pas enceinte. Elle accueille ce sang libérateur comme un cadeau du ciel, rassurée. S'il eût fallu ! Elle ne se refera plus prendre, elle l'a échappé belle. Marie le jure, finies les frivolités. Bien qu'il n'y ait plus de maternité en vue, ne reculant devant rien, tel que prévu et annoncé à tous, elle ne remet pas la décision de se fiancer à Noël. De quoi aurait-elle l'air ? Ils se sont promis l'un à l'autre, c'est tout un contrat, aime lui rappeler sa mère qui ne soupçonne pas les raisons qui ont motivé un tel engagement. Marie sait, elle, que ce contrat est embarrassant, qu'il est un boulet aux pieds.

D'autant plus qu'elle se retrouve à Québec le printemps suivant. Libérée ? De David ? Pas tout à fait, elle a quand même la bague au doigt. Hé oui, elle lui a juré fidélité et s'est engagée à revenir rapidement au bercail à la fin de ses études. Loin de la maison, Marie s'ajuste pourtant avec joie à sa liberté. Elle oublie facilement les responsabilités de son ancienne routine. Cette nouvelle vie lui en donne l'occasion. Elle est résolue à tourner la page sur la famille. Elle se fait de nouvelles amies, étudie et travaille avec acharnement, toute consacrée à ses nouvelles aspirations.

À la maison, elle a fait des heureux. Ses frères et sa sœur sont ravis, la grande girafe – ils l'ont surnommée ainsi – est partie et ne sera plus sur leur dos. Mais même au loin, sa mère compte sur Marie, elle a encore besoin d'elle : elle croule littéralement sous la responsabilité de mère-travailleuse monoparentale, rôle qu'elle n'a pas choisi. Alors, même à distance, Marie demeure la référence, elle la considère comme son substitut. Elle estime que ce rôle lui revient de soi : n'est-elle pas la grande sœur, la première, la sage ? Elle se fait constamment rappeler la place qu'elle détient alors qu'on anticipe son retour. Mais Marie, la grande girafe, aimerait bien se faire flatter le cou, sans se faire mordre par ses petits, sans toujours se pencher pour lécher leurs plaies.

Six mois sont déjà passés, l'adaptation est révolue. Après plusieurs semaines d'attente, la cérémonie d'assermentation aura lieu le lendemain. Les étudiantes infirmières sont toutes fébriles, finie la période d'essai. Elles seront investies officiellement des obligations rattachées à la profession. Pour l'occasion, parents et amis seront de la fête. Marie n'attend personne. La raison est simple, elle n'a invité personne. Sa famille n'a pas été informée, pas plus que David. Elle estime la présence de celui-ci déplacée. Elle prend la chose au sérieux et ne veut partager ce moment avec quiconque, aucun témoin. Sa vie se décidera demain. Le seul qu'elle aurait aimé mettre à contribution eût été son père.

Comme au jour de sa première communion, elle se prête à tout le cérémonial d'usage et écoute religieusement les discours de tous les notables. On vient de lui remettre la représentation tangible de ce qui guidera sa carrière. Là, au creux de sa main, elle tient un petit chandelier, tout comme Florence Nightingale[1] le faisait au chevet de chacun de ses patients. Blottie dans un minuscule bougeoir ciselé de cuivre jaune, la petite chandelle lance une minuscule flamme éthérée. Les yeux inondés de larmes, Marie la regarde se mouvoir délicatement. Elle refuse d'y croire, tout va trop vite. Engoncée dans son uniforme tout neuf, un voile blanc enserrant pudiquement ses cheveux rebelles, elle sort à peine de l'adolescence et se voit déjà investie d'une mission grande comme le monde : sauver des vies !

1. Florence Nightingale, 1820-1910, infirmière britannique, pionnière des soins infirmiers modernes et de l'utilisation des statistiques dans le domaine de la santé.

Elle n'est pas la seule, elles sont une trentaine d'étudiantes infirmières vouées à la même cause.

Ses ambitions sont colossales. Comme elle est une sauveuse, elle veut le changer ce monde, le rendre meilleur et à la hauteur de ses aspirations. Dès son cours terminé, elle partira en mission, elle travaillera dans le Grand Nord, ou encore en Afrique. Elle aidera les malades, les réconfortera, les accompagnera jusqu'à la fin. La tête dans les nuages, elle récite le serment d'allégeance en fidèle disciple d'Hippocrate. Sa voix tremble, soulevée par une émotion vive, elle rit et pleure tour à tour. Son cœur bat la chamade. Elle doit demeurer en contrôle, on lui exige aussi ça, du sang-froid, cette tâche sérieuse le requiert. Marie se voit déjà arpentant les salles d'indigents, d'opprimés ou de mourants. Elle traverse les léproseries, guidée par la lumière de Florence. Elle est sa recrue exemplaire. Elle portera le flambeau de la compassion, s'arrêtera à chaque lit pour panser les plaies, tout en mariant le mot de réconfort approprié aux gestes banals du quotidien.

Un silence soutenu appelle chacune au recueillement. Marie regarde ses compagnes. Elle discerne aussi leur exaltation monter de cette ferveur. Donner un sens à sa vie, enfin, s'empare de tout son être. Elle s'emporte. Elle est là pour accompagner les personnes souffrantes. Elles ne seront plus seules, sa passion les guidera. Ce petit bougeoir de cuivre l'accompagnera toujours. Il trônera sur sa table de nuit aux côtés de sa Vierge écorchée. Elle a dorénavant besoin de cette flamme pour nourrir ses rêves et sauvegarder ses convictions. Elle ressent une grande émotion en le touchant. Elle retrouve l'exaltation, l'enthousiasme, l'envie du dépassement en cet automne de ses dix-huit ans.

Il faut revenir sur terre, la cérémonie est derrière elle et le boulot l'attend. À l'autre bout, David se languit. Il lui voue toujours un amour indéfectible. Cependant, il apprécie de moins en moins le rôle silencieux dans lequel elle le confine et se rend bien compte aussi du manque d'empressement de Marie à revenir. Alors que, lui, il l'attend patiemment, elle, elle ne fait jamais allusion à un éventuel retour. Au contraire, elle parle de projets futurs d'où il est exclu. Dans les faits, Marie panique à l'idée d'être enchaînée à cette relation. Comment faire comprendre à David qu'elle étouffe ? Elle est la seule parmi ses copines à avoir un chum, un fiancé de surcroît. Marie n'est pas à l'abri de toutes tentations, ses amies la joignent à toutes leurs sorties, elle est talonnée sans merci par sa liberté. Elle n'a pas encore vingt ans, elle a bien le temps d'être embrigadée dans l'exclusivité. Elle sent qu'elle ne retournera pas vers David. Elle mûrit un autre projet, elle reviendra sur les traces de son père, voilà sa carte de vie. Elle ne peut en parler à quiconque, mais le désir est toujours là, bien inscrit dans son subconscient.

— J'suis plus capable, Esther.

— T'as déjà la corde au cou. C'est pas une vie, ça, quand on est pas amoureuse.

— Qui te dit que j'le suis pas.

— Ben là, Marie, atterris. T'as ça écrit dans face, voyons, avoue-le. Marie, il est toujours temps de revenir en arrière, tu sais.

Il n'y a pas de doute pour Marie qu'elle a brûlé quelques étapes. Elle s'est persuadée tant bien que mal que c'était la façon de construire un amour durable, une future vie à deux, des liens amoureux harmonieux. Mais elle n'y arrive pas. Ses nouvelles amies sont loin d'être tendres à l'endroit d'un chevalier servant épris d'amour. David demeure toujours un poids, même à distance. Cette situation perdure et la mine chaque jour un peu plus.

— Arrête de chialer. Arrête ça tout de suite, tu traînes un boulet aux pieds. T'en rends-tu compte ? Tu t'enlises de plus en plus.

Marie a dix-neuf ans aujourd'hui ! En entrant dans sa chambre en fin de journée de travail, elle entrevoit avec stupéfaction, trônant sur la commode partagée avec Roselyne, une gerbe de deux douzaines de roses. D'abord, elle prie pour que ces roses ne soient pas pour elle. Puis, à la réflexion, puisque c'est son anniversaire, elle croit deviner qui les lui a envoyées. La carte jointe en témoigne. Elle rougit de ce que dira sa compagne de chambre quand elle les verra. Loin de la rendre heureuse, cette excentricité la rend maussade, la contrarie. Elle ne veut pas qu'on s'aperçoive d'une telle extravagance. Ses amies sont, excepté une d'entre elles, de familles modestes. Ce bouquet hors de prix – comment l'expliquer – lui renvoie une image de captivité. Pourtant, David ne mérite ni la froideur ni le traitement qu'elle lui sert. Elle ne rend plus ses appels ; ses lettres, sur du papier gris à tranche dorée, lui donnent le cafard. Elle les accumule sans les ouvrir, répondant à une sur trois, parlant de choses banales, de la pluie et du beau temps, se faisant une règle d'honneur de signer : « En toute amitié ».

Marie regarde ces magnifiques roses jaunes, ses préférées, elle observe la bague qui comprime son annulaire gauche et, d'un seul coup, l'enlève de son doigt et la lance tout au fond de la chambre. Couchée en chien de fusil sur son lit, elle éclate en sanglots. Les larmes taries, elle cherche comment éliminer ce damné bouquet, avant qu'une amie ne se pointe. Peine perdue, Roselyne ouvre la porte. Elle s'extasie devant une telle démonstration d'affection, mais Marie sent la moquerie contenue. Encore une fois, Roselyne ne perd pas l'occasion d'enfoncer le clou un peu plus sur ses liens à distance avec ce chum énamouré. Son humour l'agace. Peu importe, elle n'est pas folle, elle pense la même chose que son amie.

— Non, mais c'est une blague ? Y'est pas sérieux, là. Dis, ça peut pas venir de ton fiancé ?

— Roselyne, s'il te plaît, du calme, n'en remets pas plus.

— Si on mesure l'amour de ton David à la grosseur de son bouquet, il doit t'aimer pas à peu près. À la folie, disons ? Nous pensons toutes qu'il y va un peu fort.

— Ah ! parce que vous vous permettez des critiques sur mon chum. De quoi vous vous mêlez ?

La justesse des commentaires de ses amies l'achève tout de même. Six mois que cette aventure est terminée dans sa tête. Là, c'est le comble, ça ne peut plus durer. Le glas vient de sonner la fin de sa relation avec David. Sa léthargie à se positionner par rapport à cette rupture lui a joué des tours. Encore aujourd'hui, terminer une relation sur une pareille effusion de générosité la culpabilise. Cette apparente sécurité d'une relation exclusive, loin de la réconforter, la hante. Elle se rend compte à quel point elle s'est isolée ; dorénavant, elle s'entourera.

Enfin Marie trouve le courage, David mérite de savoir : ils n'ont rien en commun, ça ne peut pas aller, elle le lui dira. Étrangement, il accepte, prétextant qu'il avait toujours anticipé une rupture. Redevenue libre, elle investit dans l'amitié avec l'énergie du désespoir. Elle change à vue d'œil. Insatiable, ayant été privée de ces amitiés, elle tombe dans la potion magique, déterminée à s'empiffrer, à se prouver qu'elle est capable de rattraper le temps perdu. Marie découvre un nouveau monde, des filles avec qui elle peut vivre toutes les folies de son âge. Inséparables, elles ne se quittent que pour dormir, passant le plus clair de leur temps entassées dans la chambre de l'une, de l'autre, à papoter de tout et de rien. En peu de temps, elle apprend les usages de la promiscuité et le plaisir de l'insouciance. Elle découvre les stratagèmes de chacune. Roselyne modernise son allure et lui livre ses trucs d'élégance :

— T'es chouette, Marie, j'te jure, cette coiffure te va à merveille. Hein ! t'es pas mal belle.

Alors, ses soirées se passent à se faire métamorphoser, à se garnir la tête de rouleaux à friser de toutes les grosseurs.

Versée sur la mode et surtout plus fortunée, son amie la déguise de ses robes fascinantes. Elle ne se reconnaît plus. Complètement travestie en belle de jour, enguirlandée de fanfreluches qui ne collent pas beaucoup avec ses goûts, elle est transformée en vedette par Roselyne. Marie se prête pourtant volontairement à sa nouvelle mutation.

— C'est pas tout à fait mon style.

— Voyons, voyons, Marie, t'es belle comme tout. Tu vas te trouver un autre chum. Il va tomber par terre en te voyant.

— Pas sûre, pas sûre ! J'ai l'air d'une fille de ces revues *Hebdo*-machin. Un tantinet écervelée, tu trouves pas ?

— Pas une miette, t'es sexy à mort.

Marie se scrute avec circonspection, découvre une inconnue et a du mal à y croire : une fille élégante la regarde. De savoir que son corps peut décrocher la note de passage ne règle rien pour autant. Son but ultime est de s'intégrer, non pas d'être adoptée par complaisance. Elle veut se retrouver liée à la gang et nager comme un poisson dans les eaux de l'amitié. Enfin, elle comprend que pour y arriver, ses amies doivent non seulement la connaître, elles doivent percevoir la vraie Marie derrière le masque. La difficulté est là, c'est un défi de taille.

Même si être l'amie de tout le monde lui demande des efforts surhumains au début, malgré son penchant à la solitude, elle y arrive. Écouter les blablas de tout un chacun est encore une corvée : c'est à qui voudrait se mettre en valeur. L'amitié exclusive la conforte davantage, elle l'oblige à lutter à armes égales. Mais la petite soldate qu'elle est ne s'efface pas aussi facilement à coups de torchon, elle prend sa place. Des faux-fuyants, il y en a encore, il ne faut pas se leurrer, des retranchements tout autant. Mais en allant vers les autres, elle laisse tomber le déguisement et se montre définitivement telle qu'elle est, sans contrefaçon. Elle accepte toutefois que des retours en arrière puissent lui causer parfois des excès de mélancolie qu'elle rabroue cependant.

12

# Délivrance ou pas ?

Sous le choc, comme si ça ne devait jamais arriver, Marie écoute, incrédule, la voix de sa mère au téléphone :

— Ma grande, je n'ai pas une bien bonne nouvelle à t'annoncer : ton père est décédé.

— Comment ça, décédé ?

— Il est mort, tu comprends.

— Il est mort de quoi ?

— Du cœur, d'un infarctus.

Son père vient de mourir, d'un infarctus par-dessus le marché. C'est le comble : Marie l'a déjà fait mourir bien avant de la même cause. Mais dès qu'elle entend sa mère lui annoncer la nouvelle, elle se sent curieusement délivrée. Elle a vingt ans et se retrouve cette fois-ci devant une mort bien réelle, non pas factice comme elle l'a inventée auparavant. Il est plutôt normal d'être triste et accablée quand on vient de perdre quelqu'un de cher, comme lui avait dit Céline à l'époque. Loin de l'être, enfin, elle détient un statut officiel, celui d'orpheline ! Attendue depuis tant d'années, alors qu'elle vit dans le mensonge, cette nouvelle est une vraie rédemption. Celle-ci met fin à des temps de grande noirceur, mais laisse par ailleurs derrière elle une aura de mystère.

Va-t-elle le dire à ses amies ? Elles ne peuvent lui être d'un grand secours, convaincues de la mort de son père depuis son enfance. Elle doit donc garder cet événement pour elle seule. Mais voilà que la directrice des infirmières la convoque à son bureau pour lui offrir ses condoléances. Elle doit se présenter en larmes et ce n'est pas le cas, elles ne sont pas au rendez-vous : « Mademoiselle, nous sommes très peinées pour vous, nous venons d'apprendre la triste nouvelle du décès de votre père. Sachez que nous demeurons de tout cœur avec vous. » Désemparée devant le discours de la sœur, ne trouvant pas la contenance appropriée, elle a la tête qui bourdonne, étourdie par les paroles entendues. En lui annonçant le décès, sa mère l'a aussi avisée de ne pas bouger :

— Ça ne donne strictement rien de te déplacer, de faire quoi que ce soit, ton père est non seulement mort, mais il est enterré depuis déjà un mois.

— Et c'est seulement maintenant qu'on t'en informe ? Mais il est enterré où ?

— Je ne sais pas.

— Tu n'as pas demandé ? Il doit bien être quelque part, quand même ?

— C'est certain. Mais on ne m'en a pas dit plus long.

— Il ne s'est pas volatilisé, son corps n'est pas disparu, il est où ?

— J'ai ma petite idée là-dessus. Sa famille avait un lot prévu au cimetière d'un petit village où ils ont déjà habité. Plus au sud, ton grand-père travaillait à l'époque pour une compagnie de minerais. Lui-même doit y être enterré, sa mère également, ils n'étaient plus très jeunes.

— Mais qui t'a mise au courant ?

— Ton oncle a été averti par l'hôpital.

Marie aurait dû s'en douter. Bien sûr, le clan, les oncles et les tantes, la grand-mère comme éminence grise en front de ligne, est encore derrière tout ça. Sans scrupules, le clan a convenu de n'informer sa mère de la mort de son père que dans les semaines suivant son enterrement. Depuis le temps qu'ils espéraient tous sa disparition. Après lui avoir volé sa vie, ils lui extorquent sa mort à présent. Les idées lui trottent dans la tête, mais elle se doit de réagir, de répondre vite quelque chose à la directrice. Quoi inventer pour se sortir de cette impasse, elle qui a juré de ne plus pactiser avec le mensonge. Pour l'immédiat, il faut néanmoins qu'elle se sorte de ce merdier sans perdre la face.

Un dernier mensonge ! Elle peut défendre cet écart. Même si ce n'est pas une mince affaire, elle jure solennellement devant Dieu que, s'il veut bien l'aider à se dépatouiller, jamais, jamais plus... Son père n'a jamais été le bienvenu dans la famille qui a tout tenté pour le faire expulser, pour qu'il retourne dans sa région d'origine. Pourquoi sa mère accepte-t-elle encore cette situation ultime sans regimber ? Allez savoir. Le clan craint-il qu'elle s'effondre, qu'elle soit si fragile ? Qu'elle se précipite sur la tombe de son mari pour pleurer son amour usurpé, pour crier le rapt de sa jeunesse ? Il y a un mystère à cette résignation, et autour de sa propre naissance à elle, Marie. Ça aussi, elle devra l'élucider. Ils sont tous dans le bien paraître ; aux apparences, sa mère n'échappe pas non plus. Elle s'en est bien sortie, pourquoi remuer une vieille histoire. Sa vie est et a toujours été dirigée par ce dictateur en jupon qu'est grand-mère. Elle a toujours été en dessous de cette mascarade. Se rappeler qu'elle craignait ce gendre !

La directrice semble plus affectée que Marie, pensant sans doute à sa propre mort, se dit-elle :

— Ma pauvre enfant, quarante-sept ans, c'est bien jeune pour mourir. Mais, ce sont là les plans de Dieu, nous n'y échapperons pas. Et nul ne connaît le moment où il nous rappellera à lui. Vous êtes autorisée à vous rendre immédiatement auprès de votre maman, de votre famille. Encore une fois, toutes nos condoléances. Nous allons libérer quelques-unes de vos compagnes pour nous représenter au salon mortuaire.

— Je vous remercie pour tout.

— Allez, bon courage.

À l'école des infirmières, Marie doit afficher rapidement une contenance, vite éclater en sanglots et crier à l'injustice : ne vient-elle pas de perdre un de ses parents ? Étrangement, elle trouve la pulsion souhaitée, et elle pleure à chaudes larmes la perte de son père, oui, mais davantage la lourdeur qu'elle occasionne, le pétrin dans lequel elle doit se sortir une autre fois. Elle n'arrive pas à se chasser de l'esprit que depuis des années, toutes sont convaincues que son père est mort. Pour elles, du moins pour Roselyne qui vient du même patelin, elle est orpheline. Que dira-t-elle d'avoir été bernée tout ce temps ? Par-dessus le marché, il vient de mourir et on ne sait pas où est le corps ; elle doit être triste alors que, au contraire, elle ne l'est pas vraiment. Elle a beau chercher, elle ne trouve pas comment composer avec une situation aussi absurde.

Pourtant, elle aurait dû voir venir le coup. Ça ne pouvait durer une vie entière. Un jour ou l'autre, Marie aurait à affronter un tel moment. Bien naïve fut-elle de croire que jamais on ne découvrirait le pot aux roses : la mort étouffée d'un père, son absence dissimulée entre le passé et le présent, un corps introuvable. Elle n'a jamais eu de ses nouvelles depuis qu'il a été forcé de quitter la maison, il y a plus de dix ans. Le clan familial n'a jamais permis à sa mère, pour tout l'or au monde, d'entretenir des liens avec un homme qu'il qualifiait de paria. Ils se téléphonaient donc en cachette, à l'insu de la famille. Ces jours-là, sa mère devenait taciturne, et la nuit, Marie l'entendait pleurer.

Au temps où elle se considérait toujours sa princesse, au temps où elle croyait à son retour, Marie la questionnait. Elle voulait tant qu'elle lui parle de lui.

— Est-ce qu'il demande des nouvelles de moi ?

— C'est bien certain. À chaque fois, il s'informe.

— Alors pourquoi ne revient-il pas, au lieu de se contenter de prendre de mes nouvelles ? Lui as-tu dit, ça ? Je le déteste.

— Ne parle pas comme ça, rappelle-toi plutôt que ton père est un homme hors du commun. Il avait une façon bien à lui de voir les choses… il était en avant de son temps. Pour ici du moins ! Ça ne marchait pas, on le lui reprochait.

— Maman, il y a autre chose. Dis-moi la vérité. Pourquoi est-il parti ? Il a dit qu'il reviendrait un jour. Le crois-tu encore, toi ?

Sa mère coinçait ses sanglots dans son oreiller, feignant de pleurer.

— Je t'ai demandé si… tu y crois toujours ?

— Je te l'ai dit, ils ne le laisseront pas revenir ici.

— Qui ça, ils ?

— Ton oncle, ta grand-mère, et les autres.

— Toujours le clan, pas vrai ?

Elle demeurait évasive. Dans ces moments-là, Marie fulminait. Elle entretenait sa haine. Ce soir encore plus.

— C'est à cause d'eux. Pourquoi ils lui en voulaient ?

— Rendors-toi, ne pense plus à ça, passe à autre chose. Dis-toi simplement qu'il n'existe plus, qu'il est mort maintenant ! Qu'il n'y a plus rien à faire.

— Non, il y a quelque chose à faire. Un jour je le saurai, je le découvrirai, même si je dois fouiller jusque dans sa tombe, je le ferai.

Son père étant un sujet tabou dans la famille et dans la région, il ne faut pas en parler. Grand-mère mène le bal, pas seule évidemment, mais elle est l'instigatrice derrière tout ça, et elle déteste son père. Il n'est pas de la même classe sociale, il vient d'ailleurs, un Survenant avec des idées pas trop trop catholiques. Le seul fait de sa présence la met hors d'elle. Comme elle manipule tout un chacun, et que d'autres dans son entourage prennent la relève sans contester, il est difficile de ne pas abdiquer devant une telle opiniâtreté. Grand-mère croit bien faire en l'invitant à oublier, comme lui les a tous oubliés, se plaît-elle à dire avec un malin plaisir. Elle n'a pas l'ombre d'un doute sur son rôle de gardienne de l'ordre établi, du qu'en-dira-t-on. Ses préjugés l'aveuglent. Loin de cultiver l'incertitude sur autrui, elle élimine sans pitié celui qui lui tient tête. Son père est de ceux-là, son souffre-douleur. Mais il est aussi celui qui ne se laisse pas berner par ses manœuvres sournoises : « La belle-mère, elle me pompe l'air, c'est ben simple ! » À l'époque, Marie était admirative de l'attitude de son père, il pouvait l'envoyer promener, lui. Aujourd'hui, elle banalise un peu plus les choses, se rappelant qu'elle n'est plus une fillette ni une adolescente en attente. Et surtout, elle n'a plus la même dépendance vis-à-vis d'un père hypothétiquement aimant.

Il le faut, elle doit se rendre à nouveau rencontrer la directrice qui veut connaître ses intentions quant à l'enterrement de son père. Quel empêtrement ! Deux choses tambourinent dans son cerveau : la consigne de sa mère de ne pas venir à la maison – son père est en terre depuis un mois –, et l'intention de la directrice de faire représenter l'école par des compagnes qui la soutiendront dans son malheur. Voilà qu'elle aura à quitter l'école en larmes, se rendre chez elle pour quelques jours, et surtout, se débattre pour que la délégation de compagnes ne suive pas. De nouveau, mentir, inventer, alors qu'elle a juré qu'elle ne recommencerait pas. C'est accepté tout ça mais, cette fois, c'est au prix d'obtenir le passeport d'orpheline.

Finalement, personne ne vient au salon, on se contente de souscrire à une messe. La sœur directrice d'excuser ses compagnes :

— Il s'agit d'un long trajet jusqu'au Saguenay ; vous savez que je dois demander la permission des parents, et nous n'avons pas beaucoup de temps pour le faire. Et nous sommes en période des examens.

— Je comprends, c'est l'intention qui compte. Ma mère préfère ainsi, elle dit que ce sera moins compliqué pour vous tous, de même que pour moi et ma famille.

Marie se rend seule au Saguenay. À son retour, aucune de ses amies ne s'inquiète de son chagrin potentiel, pas plus qu'elle ne suscite l'intérêt appréhendé. Elle ne sait pas encore qu'à cet âge-là, ses compagnes ne sont pas si altruistes pour se préoccuper de la douleur des autres, et pas davantage pour s'attarder indûment bien bien longtemps sur leur malheur. Même pour Esther, ça reste un deuil normal : elle a elle-même perdu son père deux ans plutôt. Roselyne, elle, a la mémoire courte, du moins elle ne fait aucune allusion à une deuxième mortalité. C'est très bien ainsi, elle passe seule à travers son épreuve. Paradoxalement, elle est beaucoup plus affectée qu'elle ne veut l'admettre. Elle reste accrochée à ce mois d'août, celui de ses neuf ans, au matin où son père est parti pour un long voyage en promettant de revenir.

Que s'est-il passé exactement pour qu'il ne tienne pas sa promesse ? Elle se le demande toujours après des années d'attente. Depuis, elle récolte des bribes d'explications, chacun a sa petite version, mais elle est incapable de défricher le fin fond de l'histoire, ahurie par tout ce que les membres du clan racontent. Qu'en est-il réellement ? Tout est à la fois vague, contradictoire et ambigu. Elle se le redit sans fin, elle saura. Il le faut une fois pour toutes. Elle creusera le pourquoi de ce qu'on se tue à lui taire et rétablira les faits. Elle ne peut avaler une histoire aussi farfelue sans preuve. Pour ce faire, elle doit se rendre au caveau familial. Le moment n'est pas venu, la vie l'oblige encore à mettre une croix sur ses recherches. Elle doit terminer ses études, le travail l'accapare jour et nuit, mange tout son temps et gruge ses énergies. De surcroît, elle n'a ni les moyens physiques et matériels pour déficeler le secret. Ça viendra.

# 13
# Dupée

David est loin derrière, Marie a tourné la page. Presque une année de passée, avec quelques petites aventures ici et là sans intérêt. Un autre homme est maintenant dans sa vie, Jean-Pierre. C'est le coup de foudre ! Un raz-de-marée, un premier amour, du moins elle le vit comme ça. Jean-Pierre, si beau avec ses yeux brumeux et sa gueule de métèque à la Moustaki, mais aussi si énigmatique et déraisonnable, et Marie si crédule et si avide d'être aimée. Elle n'en voit plus clair, c'est lui et aucun autre. Il a tout, quoi !

Elle l'accompagne à son bal de finissant – Jean-Pierre termine sa médecine. Dans une longue robe de soie noire, juste deux petites bretelles en pierres du Rhin croisées en licou sur son dos nu, elle se transforme. Une taille effilée, une poitrine pleine et des hanches bien galbées, Marie est ravie de constater qu'elle peut avoir de l'allure, tout comme ses amies. Star du moment, comme Cendrillon, exceptionnellement elle a toute la nuit devant elle.

Mais s'organiser avec sa situation, dans le contexte de l'école des infirmières, à cette époque-là, n'est pas facile. Déjouer la surveillance est tout un art, il faut user de subterfuges. Au début, ils se voient l'après-midi seulement, car elle doit être – elles doivent toutes être, en fait – à la résidence pour vingt heures, et il est hors de question de découcher. Ce soir, elle dépasse le couvre-feu d'une heure. La résidence est barrée, elle devra passer par la porte centrale de l'hôpital et signer son nom au registre des visiteurs. Son retard apparaîtra. Les heures d'arrivée des étudiantes sont officiellement consignées. Depuis qu'elle voit Jean-Pierre, il n'y a pas moyen de revenir à l'heure. La directrice est formelle: «Marie, vous jouez sur la corde raide et risquez la porte.» Jean-Pierre, lui, se bidonne de leurs règlements de collégiennes.

— Franchement, à votre âge, vous êtes traitées comme des gamines.

— Les conséquences à mes écarts de conduite ne te concernent pas. Tu t'en fiches. Où veux-tu que j'aille?

— Tu n'as qu'à venir dormir chez moi.

— Il n'en est pas question.

Comme Marie n'a nulle part où aller quand elle le voit, elle passe la nuit à l'église de la paroisse Saint-Sacrement. Elle entre en douce, juste avant que le bedeau ferme les portes. De crainte qu'il la repère et qu'il la jette dehors, elle s'écrase au fond d'un banc du jubé et attend en silence sa disparition. Ce soir, il n'en finit plus de tourner, de tourner en rond; il déplace une gerbe de fleurs, un chandelier… Comme elle a un rhume carabiné, elle craint d'éternuer, de tousser et de révéler sa présence. Elle a l'intuition qu'il la sait présente sur les lieux. Enfin vingt-et-une heures, le bedeau déguerpit. Les portes se verrouillent et elle reste à l'intérieur jusqu'à son retour pour la célébration de la messe de six heures le lendemain. Confinée, elle ne peut plus changer d'idée. Tant bien que mal, elle se recouche sur le banc, son sac servant d'oreiller: la nuit sera longue.

À l'avant, elle entrevoit l'autel dans la demi-pénombre. Deux grands candélabres montent la garde de chaque côté d'un gros crucifix où le Christ, à peine vêtu, est cloué, agonisant. Surexcitée, elle doit dormir, mais sa soirée avec Jean-Pierre défile. Elle se rend à la nef, le regard du Christ la suit, une intruse dans son église. Toutes ces gerbes de fleurs témoignent de la fête de Pâques de dimanche dernier.

Aujourd'hui jeudi, elles sont encore resplendissantes, on doit les arroser d'eau bénite, ma parole.

Finalement, Marie s'endort. Dans le clair-obscur du petit matin, un bruit la réveille. Elle n'a aucune idée de l'heure, mais se hâte de défroisser sa robe et de remettre un peu d'ordre dans ses cheveux. Elle aperçoit le même homme de la veille qui allume les grands cierges. Elle descend sans bruit du jubé et s'approche lentement de la partie avant de l'église. Il ne semble pas surpris le moins du monde de la voir, les portes sont déverrouillées. Finalement, elle quitte l'église en douce et file à la résidence des infirmières à la belle épouvante. Rentrer par l'école la rendrait suspecte, elle passe donc par l'hôpital; ouf! Elle arrive entre deux quarts de travail, juste à temps pour ne pas signer le registre, puis elle emprunte à la dérobée les petits couloirs intérieurs. Baignée de sueur, elle endosse à la hâte son uniforme et se rend à l'étage pour sa journée de travail.

Elle retourne dormir à l'église quelques fois. Bien entendu, Jean-Pierre ne se doute de rien, motus et bouche cousue. S'il savait où elle passe ses nuits, il insisterait pour qu'elle reste dormir chez lui. N'étant pas prête à une telle intimité, elle enterre le secret. Jean-Pierre la reconduit toujours à la résidence, persuadé qu'elle regagne sa chambre. Sa voiture disparue, au tournant du stationnement, Marie prend le chemin vers sa vénérable auberge sacrée pour une autre fois.

Après quelques semaines de fréquentation, elle opte pour des lieux moins sacrosaints: elle ne retourne plus dormir à l'église, elle découche maintenant chez Jean-Pierre. Mais les mêmes règlements s'appliquent, ses heures de retour ne doivent pas apparaître sur le fameux registre. Elle doit donc s'organiser pour ne revenir que le lendemain à partir de sept heures trente, alors que les signatures au cahier, à l'entrée de l'hôpital, ne sont plus exigées: ce serait ingérable avec l'affluence des malades à cette heure-là.

Allongée près de Jean-Pierre, elle le regarde, habitée par un désir ardent de le toucher. Ses boucles brunes sur l'oreiller fripé, un bras sous la nuque, l'autre sur son ventre, il dort paisiblement. Elle se retient de le réveiller pour le retrouver encore une fois en elle. Dans la sérénité d'un doux après-midi, elle se berce de l'illusion que ça peut être vrai que Jean-Pierre peut l'aimer, que rien ne finira jamais, que le bonheur existe dans sa vie. Ne se retenant plus, elle glisse sa main sur sa cuisse. Il se réveille et s'étire avec volupté :

— As-tu récupéré un peu, Ti-que fille ?

— Non, je préférais te regarder dormir.

Jean-Pierre l'attire et bascule sur elle, fixant ses yeux verts aux siens, jusqu'à ce qu'elle cède à nouveau.

— On remet ça ?

— On remet ça.

Elle enfouit sa tête dans le cou de Jean-Pierre et se serre contre lui. C'est reparti pour fléchir une seconde fois. Le sexe avec Jean-Pierre est comme une drogue. Alanguie de désir, elle se laisse emporter doucement. Tout est exacerbé, fascinant, elle aime sentir son corps et respirer son odeur de musc.

Marie se jette à corps perdu dans cette relation. Peu importe que Jean-Pierre l'aime ou pas, elle, elle l'aime, ça lui suffit. Est-ce de l'amour, de la dépendance, de l'insécurité ? Ou reprend-elle son souffle, afin de se prouver qu'elle peut elle aussi comme tout le monde, comme tant d'autres filles ? Lorsqu'il lui dit, l'œil épris : « Je ne veux qu'une seule femme, toi, Ti-que fille ! », elle veut le croire, et elle le croit. Pour autant qu'elle vive des instants de folie, elle vogue en continuité avec tout ce qu'elle pressentait et imaginait durant ces nuits de sensualité, où, seule, elle fantasmait à propos du grand amour. Des moments merveilleux où, le dos plaqué au sol, elle se laisse couler au bonheur que tous ses sens réclamaient. Comme après un long hiver, alors que la terre se réchauffe, soulevant humus et feuilles, Marie avale à grand goulot l'odeur de l'amour, c'est le doux printemps de sa vie.

Voilà que de gros nuages s'amoncellent au loin, son amie Esther la prévient: Jean-Pierre a un agenda caché bien garni, il fait le joli cœur avec la moitié des filles de la ville. Elle en remet:

— Je l'ai rencontré au Chanteauteuil. On pouvait à peine passer un fil entre lui et la fille qui l'escortait. Le bras long, il la tripotait à qui mieux mieux. Oh la la! Quand il m'a aperçue, il a presque eu une attaque, et il a déguerpi.

— Je ne te crois pas. C'est impossible, il était de garde à l'extérieur, à l'urgence de Chicoutimi. Tu te trompes de gars.

— Il t'a dit ça... Ben, il ne manque pas de culot! Y faut dire qu'il était rond comme pas à peu près. Ses six pieds trois ne passent pas inaperçus. Y'a pas de quoi se tromper. Sa tête domine tout le monde quand il est à quelque part. Tu sais, la grande blonde avec les immenses yeux? Ben, il l'embrassait à pleine bouche.

Marie ne croit pas son amie, ou plutôt ne veut pas la croire. Non, ce n'était pas Jean-Pierre. Elle s'est trompée, c'est quelqu'un qui lui ressemblait, ou elle a inventé tout ça. Pourquoi Esther aurait-elle fait ça? Elle devrait se le demander. Non, elle garde pour elle ses questions, les rangent même dans le déni.

Jean-Pierre a loué un chalet de ski au Lac-Beauport, en banlieue de Québec. Il a l'habitude de venir cueillir Marie à l'école des infirmières, après son service du vendredi, pour l'y amener passer la fin de semaine. Alors, elle revient le dimanche pour son service de seize heures. Ce vendredi-là, bagage à la main à l'entrée de l'école, Marie attend son beau ténébreux. Comme à l'habitude, elle ne sait jamais l'heure à laquelle il atterrira. De ses allées et venues, c'est la même chose, elle ne sait rien. En vain, elle patiente. Piteuse, elle rebrousse chemin après plus de deux heures de va-et-vient à l'entrée de la porte centrale. Il ne se pointe pas, pas plus qu'il ne donne signe de vie ; elle poireaute à l'école des infirmières toute la fin de semaine. Elle ne décolère pas.

Ce n'est que le mardi suivant que monsieur resurgit : « Oh ! Ma Ti-que fille d'amour, j'ai été retenu à l'urgence, j'ai dû remplacer un confrère. Ce n'était pas prévu. Je suis vraiment désolé. » Compatissante, elle accepte son baratin, crédible malgré tout. Trop subjuguée pour lui rappeler que le téléphone existe et qu'il aurait pu s'en servir, Marie accepte sans mot dire ses excuses : « On ne fait pas ce qu'on veut à l'urgence, mais ce qu'on peut, des toupies, une civière n'attend pas l'autre. » Jean-Pierre a certainement travaillé comme un forcené ; être cataloguée de femme possessive serait le comble.

Son amie Esther est de toutes les activités du chalet. La fin de semaine dernière, elle était là. Marie l'a vue revenir à l'école. Elle ne s'est pas arrêtée au deuxième, comme à l'accoutumée. Non, elle a filé à sa chambre tout de go. Marie ne comprend pas qu'elle ne soit pas venue lui raconter sa fin de semaine. Intriguée, elle décide d'en avoir le cœur net et court à sa chambre. À peine arrivée au tournant du corridor du cinquième, elle entend le violoncelle d'Esther qui grince : elle pratique ses sonates, comme elle se plaît à dire. Marie ouvre la porte, son amie est bien là, assise sur une chaise droite, dissimulée derrière son gros instrument.

— Salut Beethoven ! Ça va ?

— Ça va ! Je rattrape le temps perdu.

Bizarre, elle ne fait aucune allusion à sa fin de semaine, pas plus qu'elle ne commente l'absence de Marie.

Esther lui paraît distante et mal à l'aise, alors qu'habituellement, elles partagent leurs aventures et font le post mortem de leurs fins de semaine. Vexée d'avoir dû sécher comme une dinde, Marie évite d'aborder le sujet. Elle tourne tout de même autour du pot et Esther en fait autant.

— Navrée d'avoir dérangé Beethoven, je retourne de ce pas d'où je viens. Tu n'oublies pas l'examen de nutrition demain.

— Je n'ai pas oublié. C'est pour me remettre en harmonie ?

Enfin, Esther se lance et lui demande pourquoi elle n'est pas venue la retrouver au chalet comme convenu.

— Dis donc, je t'ai attendue, vendredi soir au chalet. Qu'est-ce qu'il t'a raconté, ton beau don Juan, cette fois-ci ? Encore une urgence ?

Elle ose à peine murmurer par l'affirmation :

— Oui, encore une fois.

— Ben là, vois-tu, y'exagère un peu, pas mal. Y'était pas à l'hôpital pantoute. J'en ai plein le dos de ses menteries. J'ai l'impression d'être complice.

— Complice de quoi ? Il m'a dit avoir reçu plein de patients. Dis-moi tout, ne me cache rien. Déballe, je veux savoir. Où était-il ? Il a pris un coup ? Dis, il s'est saoulé ? J'suis pas en chocolat, j'vais pas fondre ! J'sais tout là-dessus. Qu'il lève le coude plus souvent qu'à son tour, et sur plusieurs jours. C'est pas nouveau nouveau, c'est du connu. Ses brosses légendaires, son chum de gars m'a mise au courant ! Mais j'avais déjà le pressentiment quand j'ai spotté son frigo, la première fois où j'suis allée chez lui : que d'la bière.

— Entre autres. Mais c'est plus que ça. Ça me tente pas d'être un panier percé mais... Bon, vaut mieux que tu le saches, il était au chalet, mais pas seul.

— Pas avec les grands yeux de crapaud ?

— Non, pas avec les grands yeux de crapaud, avec une autre.

— Comment ça, avec une autre ? Y'en a combien comme ça ? Y'en a plusieurs ?

— Devine !

Esther n'invente rien. Elle la sent au paroxysme de l'indignation. Elle lui brosse un tableau clair de la situation. Elle la met au parfum de ce qu'elle a vu et entendu sur Jean-Pierre.

— Écoute, Marie, j't'en ai déjà parlé. Ça me crève le cœur de te voir l'attendre, pendant que lui se prélasse au lit avec une autre, comme ça a été le cas toute la fin de semaine dernière. Personne ne veut que j't'le dise, mais comme c'est pas la première fois, j'leur ai dit que j'en avais ras-le-bol et que cette fois-ci, j'te mettrais au courant. C'est à toi de décider d'la suite en connaissance de cause. T'es mieux de savoir à quoi t'en tenir, d'savoir à qui t'as affaire.

— T'es pas sérieuse, là, tu m'racontes des blagues.

— Plus que sérieuse. Tu t'souviens de la dernière fin de semaine où t'es venue au chalet ?

— Oui, mais j'ai été toute la fin de semaine avec lui.

— Ouais, mais en allant te reconduire pour ton quatre à minuit, du même coup, là, y'est revenu avec les grands yeux de crapaud. Une fille de Chicoutimi. Y'sont saoulés et y'ont baisé toute la nuit. Il n'a même pas pris le temps de changer les draps que le bal a repris. Le pire, sais-tu ce que sa sœur Louise m'a confié ? C'est que ton beau Jean-Pierre est fiancé avec les grands yeux.

— Quoi ! Mais qu'est-ce que vous attendiez pour me le dire ? Pensiez-vous que j'allais vivre une double vie ?

— Sa sœur m'a expliqué : « C'est juste par intérêt, c'est parce que le père de sa Solange est docteur et que Jean-Pierre est endetté envers lui. »

— Solange qui ? Qu'est-ce qu'il faut pas entendre. Pis j'vais endurer ça ? Une folle, moi ? Non.

Il n'en faut pas plus, Esther vient de l'achever. « Pas elle, pas elle, non mais ça s'peut pas ! Pas la grande maudite Solange ! » C'est vrai qu'elle avait de grands yeux de crapaud. Mais qu'est-ce qu'elle a pu faire au Bon Dieu ? Elle regarde Esther, ne s'effondre pas, mais la rage lui sort par les oreilles. Elle ne pousse pas la témérité jusqu'à lui raconter ses péripéties de collège.

— C'est ben simple, j'vas l'étrangler, la vache.

— C'est pas elle que tu devrais étrangler, c'est lui !

— C'est parce qu'il t'en manque un bout, Esther. Mais t'inquiète pas, lui, il l'emportera pas au paradis.

Dupée, elle sent que son orgueil en prend un sale coup. Elle s'est laissée emberlificoter, endormir pas à peu près. Elle entend encore Jean-Pierre susurrer avec passion à son oreille : « Ti-que fille, tu es mon grand amour, tu le seras toujours. » Aujourd'hui, il y a entre eux les gros yeux, les petits yeux, la fiancée. Qui d'autre encore ? Elle explose, mais comment quelqu'un peut-il agir de la sorte ? Elle voudrait le mordre jusqu'au sang. Quoi encore de plus démoniaque ? Tiens, lui crever les yeux. Animée par une vengeance qui ne se qualifie pas, elle voudrait, elle voudrait… « Le tuer Esther, c'est ça, le tuer. »

— Jouer sur autant de tableaux à la fois, c'est fort, ça m'dépasse. Comment peut-il être aussi fourbe ? Une fiancée ! Jamais il ne m'en a soufflé mot, ancienne ou actuelle. Ni d'aucune autre fille d'ailleurs.

Veut, veut pas, malgré sa rage, Marie n'a d'autre choix que de remballer sa frustration, temporairement, seulement devant son amie. Car pour le moment, elle se sent délaissée, l'hirondelle solitaire regarde son nid vide aux jours froids de l'automne. Jean-Pierre a constamment agi comme un gars disponible, sans attache aucune, lui faisant déclarations passionnées sur déclarations passionnées. Toutes les raisons évoquées pour ses absences ont toujours fait référence à son travail, et elle le croyait. Elle se traite de tous les noms possibles et impossibles.

— C'est qui l'imbécile dans tout ça ? Hein, dis-le-moi ? Esther, si c'est ça, aimer, n'y voir que du feu, ne pas voir que ses ailes brûlent, que la maison est en cendres, hey, pas trop trop *bright*, la fille. On m'y r'prendra pas de sitôt. Pus jamais ! Tu m'entends, pus jamais.

# 14
# Le Sevrage

Jean-Pierre rapplique et rapplique. Marie ne répond pas à ses appels. Elle fait intervenir Esther.

— Dis-lui que j'suis pas là.

— Dis donc, il va ben falloir que tu l'affrontes un jour.

— J'suis pas prête, j'vais y tomber dans face, c'est ben simple.

— Ben là, qu'est-ce que je lui dis ?

— Que j'suis sortie avec un gars. Pis dis-y n'importe quoi, j'veux pus en entendre parler pantoute.

— Indépendante, tu joues l'indépendante. Ça règle rien ! Moi, c'est la dernière fois que je fais la courroie entre vous deux. Compris ?

— C'est ça !

Jean-Pierre finit tout de même par coincer Marie. Hautaine, elle feint l'indifférence, comme si leur relation n'avait plus d'importance. Elle le laisse s'embourber dans ses filets. Bien sûr, il n'avoue pas, il n'avouera jamais sa présence au Chanteauteuil. Et qu'est-ce qu'il n'invente pas pour expliquer la fin de semaine où elle a poireauté à l'attendre en vain. Pour les grands yeux, c'est l'effet du hasard, une pure coïncidence. Elle se trouvait à la sortie de l'hôpital et, de fil en aiguille, elle s'est ramassée au chalet. Dans son lit ? C'est faux. Pour la fiancée, il reste évasif, évitant de se compromettre. Pour ses voyages au Saguenay, il baragouine n'importe quoi pour se justifier.

— Mais qui a bien pu imaginer une telle histoire ? C'est de la calomnie.

Marie ne peut évidemment pas lui livrer ses sources, qu'Esther en est l'auteure. Ça mettrait le feu aux poudres. Mais il n'est pas fou, il doit bien s'en douter. Et il a l'audace de lui dire en conclusion :

— Il ne faut pas croire, comme ça, Pierre, Jean, Jacques.

— Ferme-la Jean-Pierre : c'est terminé, je ne te crois plus. Je ne supporte plus.

Finalement, tout se retourne contre elle. Elle s'en doutait :

— Serais-tu jalouse ? Pas toi, ma Ti-que fille, tu n'es pas comme ça, dis.

— Appelle ça comme tu veux. Jalouse ou pas, j'suis bien chanceuse de me débarrasser à temps d'un sale tricheur. Tu n'es qu'un salopard.

À bout de souffle, Marie court se réfugier chez Esther.

— J'veux pus t'entendre prononcer le nom de Jean-Pierre. J'veux pus le voir du reste de ma sainte vie. Le jour est pas arrivé avant que j'me retrouve avec pareil menteur.

Esther écoute, quelque peu incrédule, les déclarations de sa copine en colère :

— J'espère que tu vas t'en souvenir quand il va rappliquer.

— Pour qui tu me prends ? T'en doutes ?

— Ah ! Jean-Pierre, c'est un beau parleur qui a ben de l'emprise sur les femmes.

— Plutôt rester seule jusqu'à ma mort que de passer ma vie avec un hypocrite semblable.

— Bon, bon, bon, Marie, du calme, j'm'arrange pour le lui faire savoir en douce.

— Pas en douce, pas avec le dos de la cuillère, en pleine face.

Des sanglots dans la voix, elle crie :

— Et j'veux plus de gars, tiens-toi-le pour dit.

— Chat échaudé craint l'eau froide, hein ?

Mais Marie ne s'en prend qu'à elle, à l'idée d'avoir été le dindon de la farce. La double vie de Jean-Pierre, l'humiliation qu'il lui a fait vivre et sa rancœur sont bien présentes. Elle a mal à son orgueil, surtout qu'à l'école des infirmières, chacune surveille les intrigues amoureuses de ces idylliques docteurs. Jean-Pierre est l'un d'eux, puisqu'il est en résidence à l'hôpital. Sans le vouloir, Marie alimente donc les sujets de conversation de toutes. Comme au premier jour où elle a tout appris, elle enrage. Juste à y penser, c'est bien simple, elle le fesserait dans le mur, ce qu'elle ne manque pas de faire symboliquement par de grands coups de pied dans son tiroir de commode. Et n'a de cesse d'être en colère contre elle-même, tout en n'étant d'humeur pour personne.

Leur idylle se termine en queue de poisson. Marie met fin à cette aventure cahoteuse. Non sans douleur, elle renonce définitivement à son hurluberlu de don Juan, et fait ce qu'elle dit. Mais la voilà en petits morceaux. Après le travail, dès son service aux étages terminé, elle rentre, s'enferme à double tour dans sa chambre et s'enfouit sous les couvertures. Et là, elle dort. Autrement, elle traîne en robe de chambre à longueur de soirée : elle n'a plus le goût à rien. Le lendemain, elle reprend le chemin de l'hôpital. Deux mois en ligne en service de nuit, sans congé, sans mettre le nez dehors, elle redevient sauvage comme à l'époque, comme elle l'a toujours été dans les faits. Qu'a-t-elle cherché avec Jean-Pierre, sans exiger qu'il conjugue véritablement le verbe aimer ? D'une certaine manière, elle acceptait, s'arrangeait pour y croire, doutant inconsciemment de l'issue heureuse, l'enfance et le sentiment d'abandon gravés dans son inconscient. Une deuxième fois, elle a tenté de retrouver son père en un homme. Sans se livrer totalement, fleur bleue volontaire, elle a programmé l'insuccès comme dénouement, se laissant berner, telle une oie blanche.

— Esther, j'suis toute mêlée. Est-ce comme ça, l'amour ?

— Ça passera, t'en fais pas.

Chaque jour, elle s'efforce d'oublier Jean-Pierre, de détricoter leur relation. Elle n'arrête pas de tempêter contre sa confiance aveugle. Chaque minute, elle doit se convaincre que sa décision est la bonne, mais tout ça n'est pas évident. Elle bannit de sa mémoire ses bras, ses cheveux, sa bouche, se refusant à tout souvenir érotique. Plus encore, elle clame à toutes sa détermination à ne plus jamais le revoir, « lui et ses pareils », à rester vieille fille.

— Il y en aura d'autres.

— Es-tu folle ? Jamais, plus jamais, tu m'crois pas, on dirait.

— Oh ! J'aime mieux te croire. Sois certaine de ça.

Après leurs journées de travail éreintantes, les cinq amies restent généralement à la résidence à traînasser entre elles. Leurs soirées se passent à la chambre de l'une ou de l'autre ; le plus souvent, c'est chez Roselyne qu'elles se rejoignent. Marie recommence à sortir de sa chambre et à se joindre à elles ; ensemble, elles se racontent leurs exploits. Ce qu'elles s'en inventent des histoires pour passer le temps et meubler leurs moments libres. Pour sa part, Marie a des tête-à-tête plus fréquents avec Esther et Roselyne. Que ces deux filles sont différentes, le jour et la nuit. Pourtant, elle les aime tout autant l'une et l'autre et s'adapte à leur style. Quand elle tue le temps avec Roselyne, elle se raffine, se dégrossit comme elle aime à dire. Elle observe ses séances de manucure, de teinture, de coiffure à se crêper les cheveux ou à se poser les rouleaux à friser. En fait, Roselyne les installe toutes les fins d'après-midi, dès la sortie de son quart de travail, une vraie manie ! Ensuite, elle en met à Marie pour qu'elle apprenne soi-disant à mieux se coiffer. Celle-ci se laisse endoctriner avec laisser-aller, alors que Roselyne lui explique avec sérieux ses théories, en exhibant ses ongles peinturlurés :

— Regarde, comme ils sont mignons. Tu dois plus te ronger les ongles, il faut souffrir pour être belle.

— Tu vas pas aller du côté de l'hôpital avec ça?

— Non non, j'l'enlèverai avant d'me rendre sur le département.

Roselyne prépare sa vie future. Pas de demi-mesure pour elle, surtout pas question de privations. Elle choisit comme de raison avec attention les gars qui se présentent. Ce qu'elle est drôle! Quand Marie est en forme, par complaisance, elle écoute ses idées de grandeur. Sans la contredire, elle simule parfois les mêmes désirs, ne voulant pas la confronter. Elle adapte même son comportement et ajuste ses convoitises aux siennes. Elles auront une belle maison en pierre, une grosse maison, pourquoi pas un domaine. Leur maison secondaire sera un chalet fastueux situé en bordure d'un lac, où attendra un magnifique yacht amarré à quai. Beaucoup, beaucoup d'argent garnira leur sac à main en crocodile. En somme, aucune privation en matière d'aisance.

Ne pouvant atteindre à elle seule ce standing fabuleux, Roselyne, on ne peut plus sérieusement, lui explique qu'elle ne perd pas une minute pour des sorties inutiles l'éloignant de ses objectifs. Elle renchérit en disant refuser toute relation qui l'en ferait dévier ou qui la retarderait en chemin.

— Alors ça ne donne rien de perdre son temps, si tu veux dénicher le mari qui t'apportera ce que tu cherches. Ma mère dit que seulement des professionnels peuvent nous fournir une vie de luxe, oublie pas ça, Marie.

Toujours selon sa mère, seuls un médecin, un avocat ou un riche industriel peuvent la faire accéder à une classe aisée, la consacrer maîtresse des lieux et lui permettre d'être enviée de tous. Des enfants?

— Pas sûr, c'est enchaînant, trop de contraintes.

Mais peut-être à certaines conditions, nuance-t-elle. S'il y a du personnel pour s'en occuper et une cuisinière pour plus de liberté. Roselyne précise avec dédain:

— Beaucoup d'enfants, ma mère dit que c'est pas chic, que c'est l'histoire des pauvres. Qu'ils ont juste ça pour se distraire dans la vie, fabriquer des enfants.

Pour elle, un enfant, c'est bien suffisant. Deux ? Pas certain ! Ça risque de tout compromettre. Et si c'est ça, allons-y pour un garçon et une fille. C'est chanceux et mieux balancé.

— Tu comprends, chacun a sa fenêtre dans la voiture. Et il n'y en a que deux.

— T'es drôle, j'avais jamais pensé à ça.

— Ben, c'est vrai ou c'est pas vrai ?

— Pour ça, oui, c'est vrai.

Il faut aussi vaquer à des occupations de riches qui demandent non seulement des sous, mais du temps. Comme jouer au tennis, au golf, être membre de clubs, se promener à travers le monde luxueusement vêtues de Christian Dior.

Que de sottises dites pendant toutes ces soirées. Marie ne sait pas réellement jusqu'où elle souscrit à ces frivolités, mais ce qu'elle sait, c'est que celles-ci s'évaporent en fumée, aussitôt la porte fermée. L'écoutant discourir, Marie finit par pouffer de rire.

— Ce qu'il faut pas entendre. Quand même, crois-tu à tout ce que tu dis ?

Elle quitte son amie Roselyne, épuisée par toutes ces machinations étourdies, et regagne sa chambre un peu déconfite, l'âme vide. Elle est triste de réaliser que toutes ces futilités, dont elle ne connaissait rien quelques mois auparavant, prennent corps et deviennent si importantes petit à petit. Elle est inquiète aussi de constater qu'elle accepte, en présence de Roselyne, ces sornettes. Ne serait-ce que pour une soirée, si elle veut être belle et appréciée, elle acquiesce. Confuse, la tête à peine sur l'oreiller, elle arrache tout de même les satanés rouleaux qui lui tirent les tempes et lui déracinent les cheveux, l'empêchant de dormir. « S'il vous plaît, encore une nuit de répit où je n'aurai pas à souffrir pour être belle. »

Tout est différent lorsqu'elle flâne avec Esther : c'est autre chose, elles règlent toutes deux le sort du monde. Elle entend son amie balayer de ses savates le *terrazzo* du bout du corridor pour atterrir à sa chambre. Et vlan ! C'est le féminisme qui l'emporte : il est hors de question de devenir des idiotes au service d'un mari riche, macho, aussi gentil ou merveilleux soit-il. Elles resteront célibataires et libres :

— Non merci à la bourgeoise entretenue.

— Nous partirons pour des contrées éloignées, en Afrique ou dans le Grand Nord, comme infirmières de colonies.

Surtout, pas de manucure, pas de rouleaux, juste un havresac pour les soins, en pirogue ou en raquettes, en parka, elles partiront. Elles ne retiendront ni n'accumuleront rien qui risque de les conduire au stress de la dépossession. Leurs pensées s'envolent vers le Grand Nord, les vigiles au soleil de minuit chez les Inuits.

— N'ayant rien, on n'a rien à perdre, rien à risquer.

— C'est pas fou ça, Esther.

— Du gros bon sens, ma chérie. Ça se dit tout seul !

Lors de leurs pèlerinages, elles rencontreront l'âme sœur, l'homme aux mêmes fantaisies, aux mêmes aspirations. Le grand amour, quoi, mais ce n'est pas indispensable. S'il se pointe, cet amour sera dépouillé de tout intérêt.

— J'aimerais bien un coureur des bois, moi, un ascète.

— Pour un homme, tu sacrifierais tout, Marie, ambition, rêves, carrière ?

— J'ai pas dit ça, mais j'veux avoir des enfants, une trâlée d'enfants.

— J'ai pas ben ben envie de me marier, moi.

Pour l'âme sœur, Esther n'est pas du même avis que Marie, pas plus que pour les enfants. Ses choix pourraient mener en dehors de l'ordre établi : l'âme sœur n'est pas représentée nécessairement sous des traits masculins. Et puis, pour elle, il y a le violoncelle. Deux poids, deux mesures. Pourtant, Marie fait siennes les idées d'Esther. Elle souscrit à son discours, comme à celui de Roselyne d'ailleurs – valeurs féminines la veille, féministes le lendemain. Un vrai caméléon, elle est. Non, pourtant, elle croit sincèrement à ce qu'elle dit. Elle adhère aux deux positions, lesquelles sont pour Marie conciliables. Elle sait où elle en est : son cœur est maintenant libre, et ce statut lui convient assez bien. Forcée d'être seule, elle aime se complaire dans le passé de temps en temps. Quand elle tombe dans la nostalgie au point de réveiller sa peine d'amour, elle reprend ses esprits et redevient tigresse. Elle fulmine comme au premier jour, juste à penser à Jean-Pierre. Si enragée qu'elle l'a classé parmi les « rats ». Cela lui fait tellement de bien que sa colère s'apaise. Le couvercle n'est pas encore scellé, mais il est mis : voilà, tout de même, une décision dans la bonne direction.

# 15
# Secret de famille

Son amour trompé est presque enterré. Si elle se laisse attendrir par quelques souvenirs l'instant d'un éclair, telle une douche froide, elle remet ses idées en place. Aussitôt elle dévie sa pensée, revenant à des considérations moins honorables. L'emballement et la passion en prennent un coup : il n'est plus question d'un retour possible, ou même d'accepter le moindre amendement. Elle essaie plutôt de comprendre ce mauvais choix. Jean-Pierre ressemblait étrangement à son père, lui aussi, comme David. Y aurait-il eu erreur sur la personne ? Même si elle jure qu'elle ne pense plus à lui, ce n'est pas tout à fait vrai. Le désintéressement total, non, elle n'y est pas encore. Elle y repense à certains moments et ça fait mal, mais davantage à son amour-propre. Ces passages inconfortables – particulièrement lorsqu'elle se remémore les épisodes de grande volupté – sont par ailleurs rares et elle les qualifie de faiblesses. Vite alors l'alarme sonne, frustrée de s'être laissée embobiner de la sorte par un premier amour.

Oh ! Il y a bien une ou deux rechutes, des faiblesses en cours de route, où elle admet avoir eu de la difficulté à résister. Un soir, Jean-Pierre téléphone et l'invite à souper au Café de la Paix. Pressée de répondre immédiatement qu'il est hors de question qu'elle le revoit, elle se teste avec détachement. Et pourquoi pas ? Jean-Pierre n'est pas un deux de pique quant à la conversation, non, il n'est pas désagréable à parler, et elle n'a rien à faire. Alors elle accepte. Aux premières minutes des retrouvailles, elle est cuite, elle devient guenille. Elle n'aurait pas dû céder à l'invitation. Elle imagine ses mains sur son corps en émoi, sa bouche, sa peau chaude, ses jambes entrelacées aux siennes... Pendant tout le temps du repas, elle ne quitte pas des yeux le jonc qu'il tourne machinalement à l'annulaire gauche. Il ose lui dire que ce jonc n'est qu'une formalité et qu'il n'a jamais cessé d'être amoureux de sa Ti-que fille. Il sent bien qu'il est sur le point de gagner la partie, il connaît sa faiblesse et sait la séduire. Au dessert, Marie se ressaisit tout de même, refuse d'entendre ce qu'il lui raconte, terrorisée à l'idée de ne pas pouvoir dire non et se retrouver dans son lit. En la ramenant, il insiste, et elle aimerait bien lui montrer son nouvel appartement – elle a quitté l'école des infirmières. Elle se ravise :

— Non, Jean-Pierre, je ne changerai pas ma décision.

— Tu ne peux pas me faire ça, Ti-que fille, tu sais que tu es la seule en toute vérité. C'est toi que j'aime vraiment, il ne faut pas te fier aux apparences. Je pourrais t'expliquer de long en large toute la situation. Je ne peux y échapper, vois-tu ? Tu ne peux pas t'imaginer dans quel merdier je dois me dépatouiller.

— Et l'anneau à ton doigt, il vient d'où ?

— J'ai une dette à acquitter envers sa famille.

Est-ce Dieu possible d'être fourbe à ce point et, pardessus le marché, d'y croire, de se positionner en victime. Furieuse, Marie descend en trombe de son auto. Comme elle traverse juste devant, il baisse la fenêtre :

— Je sais que tu vas changer d'idée et me revenir.

— Comme je l'ai toujours fait ? Tu te trompes, Jean-Pierre, tu te trompes royalement.

— Ti-que fille, allez... Avoue que tu en as envie.

— Ne fais pas le suffisant. Oui, j'en ai envie, mais une partie de jambes en l'air ne me suffit pas.

— Je te l'ai dit, c'est toi que j'aime, Ti-que fille. Pour le reste...

— Mais, vois-tu, la Ti-que fille n'a plus envie de toi maintenant. Non, c'est non ! Plus cette fois-ci !

Tout son corps crie de céder, de se jeter dans ses bras une dernière fois, une seule. Insultée tout de même qu'il se gargarise de sa faiblesse, à ce moment précis, elle se sait libre de choisir son futur. Celui qu'elle réclame, Jean-Pierre ne peut lui offrir.

Le temps de faire entrer le rat dans la danse, Marie se ressaisit. Elle tient ferme et ne revient pas en arrière. Pour y arriver, elle doit s'attacher afin de ne pas courir vers lui. Enfin, après quelques minutes d'attente, l'auto démarre, Marie s'enfuit précipitamment au haut de l'escalier. Elle a gagné la partie, elle a réussi, elle a vu Jean-Pierre pour la dernière fois. Elle lui en veut tout de même de l'avoir rendue méfiante, de cette méfiance qui éveille la suspicion dans une relation qui pourrait être partagée avec réciprocité, sans crainte ni retenue, car elle se sait maintenant guérie et vaccinée à tout jamais contre ce type d'hommes.

Quelques mois passent, tout est maintenant derrière elle. Elle ne sait pas si elle a réglé définitivement quoi que ce soit, mais elle colmate tranquillement les brèches et réorganise sa vie différemment. Pendant un certain temps, pour se guérir ou simplement s'étourdir, rien de mieux que le boulot. Elle s'active comme une déchaînée du matin au soir, une vraie mordue. À peine quelques flash-back, elle replonge tête première dans ce qui lui sert d'exutoire, le travail. Très souvent, elle bosse seize heures d'affilée. Aussitôt arrivée à sa chambre, elle se défend de regarder en arrière. Facile, elle tombe de fatigue, littéralement épuisée. Vannée, éreintée, elle recharge ses batteries par autant d'heures de sommeil, et pique des records « de dormage » pas ordinaires.

Le soir venu, au moins il y a la gang de filles pour partager allègrement aventures et mésaventures. Leurs confidences – les siennes s'y glissent çà et là – meublent ses moments de solitude. Elle réalise qu'elles aussi vivent leurs périodes houleuses. Ses intrigues de cœur sont aussi les leurs. En définitive, leurs histoires, leurs amours se ressemblent. On établit des rapprochements, souvent pas trop trop flatteurs, avec le chum du moment, du pareil au même. Puis, elles demeurent sur le qui-vive pour reconnaître l'exception qui se démarquera à un moment ou l'autre.

Une autre évasion l'accapare, et non la moindre : ses cours – anatomie, pharmaco, micro et examens de toutes sortes. À tout moment, sans crier gare, elles ont des petits contrôles d'appoint par le biais d'examens imprévus. Moyen peu subtil de vérifier les présences et de s'assurer qu'elles ne s'éloignent pas trop du bercail. Esther s'assure de la présence de Marie, elle joue à la prévention quand elle se braque dans le cadre de sa porte de chambre :

— Debout ! C'est l'évaluation de la technique du bouche-à-bouche, ce matin.

— Lâche-moi le bouche-à-bouche. Laisse-moi dormir.

— Tu ne peux pas, c'est l'examen, il a été devancé.

— J'viens juste de me coucher, mon uniforme est tout crotté, mes bas blancs filés. J'ai rien d'autre à m'mette, l'autre est pas sec.

— Pas le choix ! Ça compte pour la moitié des points. Mets ton imper par-dessus ton pyjama, ça ne paraîtra pas.

Son deuxième uniforme est encore humide. Comme elle doit le laver à la mitaine dans le bain à l'étage, il prend la nuit et une partie de la journée à sécher. Elle enfile donc son vieux trench beige par-dessus son kit de nuit, somnambule ne faisant pas cas de son accoutrement, et décampe vers la salle de cours, les yeux pas tout à fait vis-à-vis des trous. Esther en remet quand elles regagnent leurs chambres :

— T'es cute à mort. T'as l'air un peu clocharde, mais bon, ça peut aller.

— T'as pas eu trop de commentaires sur mon bouche-à-bouche ?

— T'es folle ! Examen réussi. Ne t'inquiète pas, rien n'y paraissait. *Let's go*, tu vas pas te r'coucher. Viens, on va se taper une séance de bronzage. Il y a du soleil. Il fait beau et chaud.

Dans la cour extérieure, badigeonnées comme des petits poulets à l'huile *Mazola*, elles se font rôtir au soleil. Esther raconte ses dernières frasques. Ce qu'elle se bidonne. Pour sa part, Marie n'a pas grand-chose à partager, rien d'affriolant à lui mettre sous la dent : le calme plat dans ses intrigues amoureuses. Elle ne ressasse surtout plus sa brève liaison avec Jean-Pierre, pas jojo et bel et bien enterrée. Elle passe son tour, préférant se nourrir des histoires des autres. Elle meurt tout de même d'envie de lui faire part d'un téléphone reçu il y a deux jours. Elle laisse Esther aller jusqu'au bout de son placotage, avant de se lancer.

— Mercredi dernier, j'ai été demandée au téléphone par un soi-disant cousin qui souhaite me rencontrer.

— Non ? D'où sort-il, ce cousin ?

— Un neveu de mon père. Il dit vouloir retrouver une cousine qu'il a connue jadis.

— Oui mais, personne ne t'avait jamais parlé de lui avant ?

— Personne ces dernières années. Mais je savais qu'il existait, je suis allée une fois chez lui, je devais avoir six ou sept ans. C'était un grand efflanqué d'ado, mais là, le gars doit avoir vingt-cinq ans au bas mot.

Ce que Marie ne précise pas à Esther, ce sont les véritables raisons du téléphone du cousin en question. Sébastien prétend avoir plein de choses à lui apprendre sur son père. Celui-ci aurait vécu de nombreuses années dans sa famille. Marie est restée sur les dents par le discours du fameux cousin, intriguée tout de même, il n'était pas clair. Spécial quand même ! Pourquoi se manifeste-t-il seulement maintenant ? Depuis le temps qu'elle veut savoir, qu'elle est déterminée à éclaircir ce mystère qui l'obsède toujours. Si ce n'est pas de la frime, c'est une occasion en or. S'il détenait le chaînon manquant ? En tout cas, il tombe à point – elle qui se morfond depuis des années dans la brume –, il est la personne idéale pour la renseigner.

— Ça m'intrigue. Je suis sur mes gardes. Il doit me rappeler en fin d'après-midi. Qu'est-ce que tu ferais à ma place, toi ?

— Ben, moi, j'irais. T'as rien à perdre, pis tu verras sur place.

Esther a raison, elle n'a rien à perdre, depuis le temps que ça la tracasse. Quel drôle de hasard tout de même que ce cousin se présente juste à ce moment. Il est la corde à laquelle elle doit s'accrocher, la seule pour le moment. Il ne se retrouve peut-être pas sur son chemin pour rien. Elle doit voir ce qu'il a à dire.

Marie retrouve le cousin Sébastien au restaurant Chez Camille, petit resto où sa gang de filles se rencontre régulièrement. Il ne sait trop quoi dire et paraît mal à l'aise. Elle se demande même où il veut en venir exactement. Son discours, confus au téléphone, l'est tout autant en personne. Il faut dire qu'elle est pas mal méfiante, pas trop trop ouverte, plutôt sur ses gardes en partant. Il tourne autour du pot et évite le sujet capital pour elle. Elle doit le ramener constamment à l'objet de la rencontre. Il lui sert tout un baratin d'introduction. À tort peut-être, Marie a l'impression qu'il l'évalue comme une potentielle blonde, tant il fait allusion à ce qu'elle est devenue en vieillissant. « Une cousine pas pire du tout. » Ça l'agace qu'il l'aborde de cette façon, elle ne s'attendait pas à ça, et doit remettre astucieusement la conversation sur les rails à tout moment. Puis, elle devient vite à court de moyens. Sur le point de perdre patience, elle se ravise, elle ne doit surtout pas se le mettre à dos, mais plutôt user de prudence pour ne pas perdre son informateur. Ce n'est pas le temps de faire la sainte-nitouche car, avant de l'envoyer paître, elle veut qu'il lui raconte tout sur son père, tout ce qu'il en sait. Ne pas oublier qu'il est le seul qui peut le faire : démêler le secret de famille.

Lorsque son père a quitté le Saguenay, ils ont tous cru qu'il s'était rendu directement en Outaouais retrouver les lieux de son enfance. Du moins c'est ce que les tantes, les oncles ont confirmé à sa mère. Son cousin lui apprend que ce ne fut pas le cas. Son père, alors en pauvre condition, a atterri plutôt à l'Assomption chez sa sœur, la mère de Sébastien. Il y demeura de nombreuses années, une dizaine plus ou moins. Sébastien ne devient rien de moins que le chouchou du nouvel oncle et, plus tard, son confident.

— Un sacré bonhomme, ton père, tiens-toi-le pour dit. Il m'a enseigné de belles valeurs et initié à la philo, entre autres. J'ai grandi et passé presque tout mon temps avec lui, soit la fin de mon adolescence. Je dois même dire que j'étais plus proche de lui que de mon propre père qui travaillait tout le temps. Mais ma mère et son frère se chicanaient à longueur de journée. Ils étaient comme chien et chat.

Tante Berthe avait paraît-il un foutu caractère. Malade en plus, ça n'arrangeait rien, mordante, agressive et colérique comme pas une. Pas une semaine ne se passait sans qu'elle n'indique la porte à son frère, son souffre-douleur. Mais comme elle l'adorait, elle n'a jamais osé mettre ses menaces à exécution, le jeter à la rue.

Marie écoute religieusement Sébastien qui, elle le sent bien, ne lui dit pas tout, il lui ménage certaines vérités. Elle se décide enfin :

— Que faisait-il de tout son temps, du matin jusqu'au soir?

— Rien, il ne faisait rien à part les courses de chevaux. Elles accaparaient tout son temps: il était accro du jeu.

— Comment pouviez-vous endurer ça? Quand j'étais petite, c'était le désespoir de ma mère, le jeu.

Sébastien ne répond pas, évite le sujet, tourne autour du pot. Finalement, elle se jette à l'eau et lui pose la question:

— Je veux savoir. Je suis hantée par tout ce passé qui déteint sur mes propres relations avec les hommes. Saisis-tu? Vivre dans l'inconnu est infernal, et plus perturbant que la pire des vérités.

— Je comprends ça, c'est justement pour cette raison que je suis venu vers toi: je me disais que tu devais te morfondre à ne pas savoir. Mais je ne peux te dire que ce que, moi, j'ai vu et entendu.

— Je sais, je sais, continue...

— Avec sa maladie, je te l'ai dit, ma mère n'était pas endurable, mais mon père lui passait tous ses caprices, il l'aimait. Il faisait tout pour lui rendre la vie agréable, y compris garder son frère qui n'était pas un cadeau.

— Il était violent, ou quoi?

— Autre chose, j'y viens. Une fois ma mère décédée, ton père est demeuré quand même chez nous, mon père à moi honorait les engagements qu'il avait pris avec sa femme. Mais voilà que tout changea.

Un terrible accident vient chercher le père de Sébastien. C'est alors que tout bascule, une fois les deux parents partis. La vie à la maison devient de plus en plus tendue. Une atmosphère difficile s'installe; l'existence devient infernale.

— C'était invivable, Marie! Après avoir toléré jusqu'à l'intolérable, c'est moi qui ai eu l'odieux de lui montrer la porte. Ton père était devenu impossible à vivre. Il explosait, sujet à des crises hystériques de plus en plus fréquentes, où il se languissait, abattu et déprimé, dépendant des médicaments qu'il prenait.

— J'peux-tu te dire que je ne suis pas surprise du tout de ce que tu m'racontes là. C'est difficile de l'entendre, mais j'suis capable de faire des liens avec d'autres situations passées.

Pendant qu'il raconte lui reviennent les fameuses virées à la cour à scrap du vieux Jack. Elle revoit la scène où son père compte devant lui un à un de petits comprimés blancs tout ronds, les traitant comme la prunelle de ses yeux, puis il sort une liasse de billets. Cette scène la hante toujours: pourquoi tant d'argent? Elle se demanda souvent, par la suite, pourquoi Jack et son père attachaient une telle importance à ces pilules. Elle vient tout juste d'élucider ce questionnement, il y a à peine quelques semaines en fait, alors qu'elle vérifiait les narcotiques au département de chirurgie.

— C'est bizarre, Sébastien, mais laisse-moi te raconter quelque chose.

Au département de chirurgie, où elle est en stage, une liste exhaustive des narcotiques est rigoureusement tenue. La procédure exige donc de maintenir la réserve sous clé. L'infirmière de service en a le contrôle, elle garde donc cette clé à son cou durant les huit heures de son service. Un inventaire de routine est fait à la fin de celui-ci, avec la remplaçante, celle qui commence le nouveau quart de travail. Elle se revoit affairée à cette tâche, pendant que sa collègue relève chaque ordonnance et note le nom du malade qui a reçu le médicament en concordance avec la prescription médicale, la dose et la fréquence. À son tour, à l'aide d'un petit couteau séparateur, elle fait le décompte. Elle inventorie les comprimés de morphine. Puis soudainement, la scène de sa visite chez Jack ressurgit dans son esprit. Elle se sent mal, a chaud, transpire. Elle s'assoit sur une chaise à la console du poste des infirmières; sa collègue, inquiète, lui demande ce qui ne va pas.

Marie vient de comprendre ce que son père allait chercher chez Jack. Il travaillait comme ingénieur à la construction du barrage de Shipshaw à cette période-là. À la maison, elle surprenait certaines conversations avec sa mère qui lui reprochait de consommer trop de café noir sans se nourrir, et surtout maudissait ces foutues pilules. Même si elle ne comprenait pas toujours le sens de tous ces grands mots, elle sentait qu'il y avait quelque chose qui ne tournait pas rond, donc analysait tout pour tâcher de comprendre.

— Tu ne dors plus : laisse le café et ces pilules qui vont t'achever. Tu te suicides à petit feu.

— Je me demande comment tu ferais, toi, pour passer à travers de ce qui se passe sur le chantier. J'ai découvert le pot aux roses, à la job, du vol pur et simple : les camions de béton sont contournés et soustraits au *pay roll.* La nuit, les domper dans des trous, les recouvrir est facile, la surveillance est quasi nulle, il n'y a personne au contrôle. On en réclame le prix par de fausses factures que moi, je dois signer.

— Mais qui fait ça ? En as-tu parlé à ton boss ?

— Si j'en ai parlé ? C'est sûr. Mais il est là le problème. Il est de connivence avec eux. Il sait que je sais…

— Ben voyons, Léo, c'est une invention, ce que tu me racontes là, de la fiction.

— De l'invention ? De la fiction ? Ben viens dehors avec moi, et tu verras les trous de balle dans Betsy. Après, tu ne diras plus que c'est une invention.

Sa mère l'avait suivi à l'extérieur et était revenue blanche, effrayée, atterrée. Le lendemain, ce fut au tour de Marie de mettre ses petits doigts dans les trous de la belle Ford noire de papa. « Pauvre Betsy, qui lui a fait ça ? De gros méchants, ça, c'est sûr. »

De constater que c'est à peu près à cette période, probablement en raison de cet événement, que les comportements paranoïaques de son père s'étaient installés, accentués par la prise de ces maudites petites pilules, comme sa mère les appelait.

— Toutes les pièces s'emboîtent. Voilà que je peux aussi mettre une derrière l'autre les questions maintes fois posées et les réponses autant de fois esquivées. Mon père était dépendant de tout cet arsenal.

— Oui, Marie, c'est triste à dire, mais il était morphinomane.

Tout s'explique: les reproches sous-entendus de sa mère, ses attentes inexpliquées à son égard, ses supplications repoussées, ses espoirs effondrés, ses jugements par rapport aux situations loufoques qu'il leur faisait vivre à tout propos. Déjà à six ans, la princesse s'inquiétait, elle était troublée par ces écarts délirants, quelque chose de nébuleux se passait... Autant d'énigmes qui éclaircissent d'elles-mêmes les discussions qu'elle a eues avec sa mère à l'époque:

— Ton père part, il verra un docteur, puis il sera soigné.

— Il est malade? Quelle maladie a-t-il?

— Le cœur. Son cœur est très malade.

— Si c'est juste le cœur, pourquoi y'est pas soigné ici et pourquoi y revient pas à la maison?

— C'est beaucoup mieux comme ça. Pour lui comme pour nous tous, il vaut mieux qu'il se rende dans sa famille.

Marie retourne à Sébastien:

— Mais où est-il parti, où s'est-il réfugié?

— J'sais pas, il est disparu comme ça une bonne journée. Je n'en sais pas plus, j'avoue seulement que ça nous enlevait une épine du pied.

Les réponses qu'il lui donne ne la satisfont que partiellement. Elle est persuadée de sa franchise, mais il ne peut dire que ce qu'il sait. Marie ne baisse pas les bras, constatant qu'il reste des fils à démêler, qu'il manque encore une page, que quelque chose cloche. Son cousin avoue, penaud, qu'il n'a pas suivi sa trace. Qu'il ignore complètement ce qu'est devenu son oncle. Il a entendu parfois des bribes de rumeurs à son sujet. Il se questionnait sur la tournure des événements, de ses déplacements. «Où a-t-il bien pu atterrir?» Tous se perdaient en conjectures quant au chemin qu'il avait pris. Et de se réconforter: « Il a pris le chemin de sa famille quelque part sur l'île de son enfance, celle dont il a toujours rêvé. »

— Je me disais qu'il était retourné chez ses vieux, toujours vivants. Je souhaitais croire qu'il était en sécurité avec eux.

Mais rien n'était très évident, et les années qui ont suivi son départ l'ont maintenu dans le doute. Qu'était-il réellement advenu de son oncle? Il se questionne encore aujourd'hui, tout comme Marie. Voilà pourquoi Sébastien a fait tout ce chemin pour la retrouver, pour une mise en commun de leur connaissance des faits. Un nouveau cul-de-sac – il manque un bout – ce qui la laisse encore dans le nébuleux. Sébastien constate son désarroi. Il essaie tant bien que mal de minimiser les choses:

— Tu sais, j'ai aimé vraiment oncle Léopold, moi aussi, mais je me dis que j'ai mon avenir à bâtir maintenant. Qu'il vaut mieux penser aux miens et passer à autre chose. La vie continue… ça vaut pour toi aussi, Marie.

— Évacuer le passé, en faire fi, suivre ma voie sans savoir, j'essaie, j'essaie, mais j'y arrive pas, Sébastien: quelque chose me poursuit, reste sombre, sans explications. Mais là, maintenant que j'ai le temps et, surtout, un peu plus de sous, je compte éclaircir tout ça.

— Je suis de ton avis: il faut que tu t'y attaques tôt ou tard.

— Sébastien, tu m'entends? Un jour qui n'est pas si loin. Je le jure, je vais y arriver.

Sans crier gare, le fantôme de son père a ressurgi dans sa vie. Elle lève des yeux embués sur Sébastien, lui exprimant qu'il n'y est pour rien, pas plus que sa famille. Il la regarde, au-dessus de sa fourchette suspendue. Il attend une échappée de la part de Marie, sur d'autres actions qu'elle, ou sa famille, auraient pu faire. Dans un sourire triste, elle conclut et le rassure:

— Non, rien. Mais vous, vous avez fait votre possible. Mon père a choisi de vivre cette vie-là, pas vrai?

Enfin, ils parlent de choses et d'autres, passant du coq à l'âne. Rien d'important. Puis, Sébastien la quitte. Alors qu'il disparaît au coin de la rue, elle reste là à se demander s'il ne rebroussera pas chemin pour lui dire ce qu'il aurait omis de dire, ou simplement pour la réconforter. Non, il continue, ne s'arrête pas. Elle le voit s'éloigner sans se retourner. Il lui laisse quelques réponses, oui, mais aussi tout un pan de mur encore démonté, et pas de plan pour abouter les morceaux. Sébastien lui a livré le paquet. Marie, confondue, ne sait quoi en faire, ni par quel bout le prendre, ni par où diriger ses recherches, ni comment refaire la trame. Ce qui compte à présent, c'est qu'elle est plus déterminée que jamais à la refaire, à clarifier cette énigme.

Elle marche au hasard des rues. Le ciel n'en finit pas d'être gris et brumeux. Sébastien s'est présenté en toute bonne foi sur sa route. Elle a honte d'avoir douté de ses intentions. Il s'est déplacé, voilà pourquoi il a cru bon de venir à elle : d'une certaine façon, ils ont aimé le même homme !

# 16
# Émerger

Sébastien regagne son patelin. Tout ce qu'il a confié à Marie mijote dans la tête de celle-ci. Elle y revient souvent, jurant d'élucider tôt ou tard cette saga familiale et d'en rétablir les faits. Pour le moment, elle a autre chose sur la table à dessin, son quotidien accapare toutes ses énergies.

Depuis quelque temps, son amie Esther s'échine à vouloir la tirer de sa torpeur mélancolique.

— *Let's go*, la mer des hommes n'est pas tarie, il faut que tu sortes un peu. Un de perdu, dix de retrouvés, oublie ton Jean-Pierre.

— T'es drôle, toi. J'ai l'impression d'entendre grand-mère. C'est toujours ce qu'elle disait à mes tantes en peine d'amour : la mer des hommes n'est pas tarie. J'en doute pas, mais je me tiens loin. Un chum ? Je te l'ai dit et te le répète, ça ne me tente pas, j'ai eu ma leçon.

— Ouais ! Mais il n'est pas dit que tu vas en rencontrer un autre pareil.

— Sais-tu, Esther, plus je réfléchis, plus je pense qu'il vaut mieux être aimé qu'aimer.

— Ouais ! Tu réfléchis trop. Toute une déclaration, c'est ta dernière trouvaille ?

— Non, ça fait un p'tit bout que j'ai trouvé.

— Tout un contrat, ça ! Avant, si j'me souviens bien, tu disais tout le contraire : vaut mieux aimer que d'être aimé.

— Ça, c'était avant, tu l'as dit.

Marie voulait connaître le grand amour. Est-ce possible qu'il soit venu et qu'elle en soit ressortie estropiée ? L'infidélité de Jean-Pierre lui a laissé un goût de « revenez-y pas ». Comment peut-on réciter le même baratin à deux femmes en même temps ? Comment peut-on quitter une couche toute chaude pour se réinstaller dans une autre comme si de rien n'était ? La double vie de Jean-Pierre l'a achevée et catapultée dans une méfiance dont elle se serait bien passé. Sa mère lui avait raconté quelque chose d'approchant quant à ses amours avec son père. Tant et si bien que Marie ne veut plus emprunter ce chemin. Elle clame à qui veut l'entendre qu'ils sont un peu tous pareils, tous de rusés comédiens qui ne veulent rien manquer de la parade.

— C'est fini pour la vie !

Ce qui fait pouffer Esther.

— On dit toutes ça, pis ça passe. On n'a pas de mémoire, y'est là, le problème. Disons plutôt que tu prends un *break.*

— Ok, je prends un *break,* mais long, je n'en vois pas l'horizon.

— Dis donc, toi, révoltée comme tu es avec tes chums, sans vouloir jouer au psy, j'serais bien curieuse de fouiller ton rapport avec ton père.

— Laisse tomber, comme tu viens de le dire : ne joue pas au psy, ça m'énerve.

Esther a du flair ; Marie le découvrira avec le temps, le lien étroit de ce père absent avec ses choix de vie. Pour l'instant, elle rêve de choses ordinaires, revenir en arrière et se maintenir au-dessus de tous ces bouleversements. Elle opte ainsi pour la quarantaine et cultive l'art d'être seule.

— Niaise pas. On se concocte une p'tite virée vendredi soir. Juste nous deux, pas la gang. J'veux te présenter un gars.

— Hé ! hé ! Engage-moi pas dans tes fling flang de *blind date,* Esther. J'marche plus là-dedans. Je pensais que c'était réglé tout ça. J'ai plus envie, c'est-y assez clair ?

— On verra, vieille fille. L'amour peut vibrer à nouveau.

— C'est déjà vu d'avance. Qu'il vibre tant qu'il voudra, moi, je vibre plus. Vieille fille je suis, vieille fille je reste ! Si c'est ce que tu penses.

Quelques jours plus tard, sonnée par une semaine éreintante en chirurgie, de retour à sa chambre, Marie revêt son vieux *baby-doll* tout troué en jersey et s'affale sur son lit. Esther atterrit dans sa chambre dans les minutes qui suivent. Elle l'attendait sûrement avec des intentions bien arrêtées.

— Hey ! Qu'est-ce que tu fous là sur le matelas ? C'est pas encore l'heure.

— Crevée ! C'est pas le bon mot. *Knock-out*, c'est mieux.

— On est vendredi. Tu vas pas te coucher comme ça. T'avais promis.

— Hein, promis quoi ? J'ai promis quelque chose, moi ? Ma parole, je deviens gaga. Hé là ! J'ai jamais promis rien pantoute.

— Bon, ok, ok ! Je r'viens dans une heure. Madame est fatiguée et pas de bonne humeur.

— *Yes*, madame est fa-ti-guée pas ordinaire. Aujourd'hui, j'ai eu le double de chambres à m'occuper. Deux chirurgies du jour – une cholécystectomie, une hystérectomie – et mon accidenté de lundi qui se relève à pas de tortue. Il ne peut rien faire avec sa traction au crâne et sa fracture du bassin. Un caractère de chien n'arrange rien à la sauce, pas possible le gars !

— À plus forte raison, il faut te changer les idées. Car ce que madame ne réalise pas, c'est qu'elle mène une vie plate, qu'elle brûle sa jeunesse à travailler. Et pas à peu près !

Esther claque la porte et repart aussi vite que venue. Le bruit de ses gougounes s'estompe au loin. Elle ne démissionne pas pour autant. À l'heure du souper, elle rapplique, aiguillonnée :

— *Let's go !* Debout, tu vas pas pocher ton vendredi soir dans les vapes.

— Je suis mieux disposée et d'accord pour la sortie. Mais oublie les *dates*, sinon j'reste collée sur le matelas.

— Ok ! Ok ! De toute façon, ça ne marche pas, y'aurait fallu se décider avant. On va au Château ben tranquilles juste toutes les deux. Y'a une piste de danse.

— Va pour le Château. Mais j'ai pas une cenne qui m'adore, juste un verre de John Collins qu'on étire. Surtout, pas de chichi, je mets ma jupe grise avec mon chemisier blanc. Ça s'arrête là.

— Mets ce que tu veux. Pourvu que tu sortes de ta cage.

Elles sont à une époque où c'est aux hommes de faire les premiers pas. Les femmes, elles, elles attendent. Feignant l'indifférence, elles regardent, observent nonchalamment un peu partout sans avoir l'air de le faire : agir comme si ce bel arsenal de conquérants potentiels ne les intéresse pas. Demeurer insensibles à leur stratégie d'approche et attendre la perle rare qui cherche à se faire désirer. Si jamais elle se pointe, cette perle, alors manifester simplement son accord, l'air de rien, fixant une, deux, même trois fois le candidat droit dans les yeux, avant de baisser la tête modestement. Le tour est joué.

Marie a une sainte horreur de ces battues aux lapines piégées. Elle reste donc dans sa bulle depuis son arrivée au château Frontenac. Elle n'a pas l'intention de faire de pirouettes pour plaire à qui que ce soit. Invariablement, l'audacieux ne tarde pas à venir solliciter une danse. Règle générale, elle est déçue dès qu'il ouvre la bouche. Alors, elle joue d'astuce, évoque un mal de pieds pour éconduire le cavalier. S'il est un tant soit peu futé ou si, au cours de la danse suivante, il l'aperçoit, allègre, sur la piste avec un autre chasseur de jupons, il ne rapplique pas. Esther en remet :

— Ouais ! T'as pas l'air trop trop d'équerre à ce qu'on t'aborde. T'en vas-tu à la torture ? Y'a pas un chat qui va se présenter avec la face d'enterrement que t'as.

— Je te l'ai dit, je ne suis pas d'humeur à ce qu'on me chante la pomme. Pas de manigances, je me sens comme un poisson sur un étal ouvert au marché public. Véritable *meat market !*

— Regarde, juste à droite du foyer, il y a une table de gars qui reluquent dans notre direction, depuis notre arrivée.

— Non, j'ai rien remarqué. Si tu cherches, tu devrais plutôt lorgner du côté de l'entrée, il y a deux gars qui ont de l'allure.

Elle a à peine terminé son commentaire que les prospects en question se présentent et s'invitent à leur table. Posés, beaux garçons, discours intelligent. Alexandre est pas mal, l'autre prétentieux et vantard. Enfin, deux ou trois danses plus tard, ils proposent de se rendre dans un petit bar de la Rive-Sud de Québec pour terminer la soirée.

— *Let's go,* ils ne nous mangeront pas, dis oui, Marie.

Alexandre conduit nerveusement avec soubresauts, et n'a de cesse de vouloir la charmer. Il parle sans arrêt, se trompe de chemin, fait trois fois le tour du rond-point avant de s'engager sur le pont de Québec. Il est d'une distraction notable, le vrai prototype du professeur Tournesol. Curieusement, Marie est fascinée par sa manière de s'enfarger dans les fleurs du tapis, par la somme de toutes ses bévues qui le lui rend sympathique. Son comportement bon enfant s'ajoute à sa franchise, à son honnêteté. Rien d'étudié, rien de planifié, tout le contraire de Jean-Pierre.

Elle ne comprend pas son changement d'attitude ; emballée, en fin de soirée, au retour à l'école des infirmières, elle annonce tout de go à Esther :

— C'est un gars comme ça que je devrais marier. Et puis après, pourquoi pas lui ?

— Pousse égal : tu l'connais même pas.

— C'est fou, hein, mais je sens que ce gars-là dira toujours la vérité. Qu'il est incapable de mentir.

— Wow ! Tu me fais peur pas à peu près ! Ça n'en fait pas un candidat pour le mariage. Pourquoi tu parles comme ça ? Après-midi, tu voulais même pas mettre le nez dehors.

— Oui, mais c'était après-midi. Là, c'est différent.

— Moi, j'te suis pus, Marie, t'es en peine d'amour, t'es ébranlée. Qu'est-ce que tu veux prouver ? Te venger de Jean-Pierre, ou c'est ton nouveau contrat que tu mets en route ? Sois prudente, tu vas le regretter un jour, tu vas trop vite.

— Un coup de lucidité, peut-être ? Ce serait un bon prospect, si j'veux avoir des enfants, ça m'en prend un.

— C'est ce que t'appelles de la lucidité, toi ? Se marier par désillusion, par gratitude ou par pitié, ça fait pas des enfants forts. Chaque jour passé à côté de quelqu'un qu'on n'aime pas, en se persuadant qu'on l'aime, est une véritable torture. Tu ferais ça, toi ?

— Je ferais ça, moi !

Elle livre de but en blanc à Esther la logique qui sous-tend ses dispositions quant à sa dernière rencontre.

— Chat échaudé craint l'eau froide, comme je dis. Il m'inspire confiance, ce gars-là. Pas toi ? Il est droit comme une barre, j'aime son honnêteté. Il représente tout ce qui fut absent de ma première relation.

Esther accepte difficilement son raisonnement. Elle ne partage pas l'image qu'elle s'est faite d'Alexandre.

Est-ce par déni ou par leurre, Marie se met à aimer sincèrement Alexandre. De façon idéaliste ; pas de l'amour-passion, comme il le souhaite, mais quelque chose d'autre, un amour d'estime. Maladroit, il la charme par ses gaucheries qui, loin de l'agacer, l'attendrissent. Au quotidien, elle s'amuse à collectionner ses bévues, ses distractions, à lui signaler ses bas disparates, son pantalon désassorti de son complet. Tout l'émeut, tout l'agrée, tout concourt à son charme. Prendre le temps d'évaluer la passion qui les attache est pure perte de temps. Elle n'en sait pas plus sur lui qu'il en sait sur elle. Mais le mariage va tout arranger. Balivernes que d'approfondir s'ils sont faits l'un pour l'autre. Foutaise ! Elle aura le temps demain.

Petit à petit, Marie découvre la famille d'Alexandre. Elle se lie d'amitié surtout avec sa dernière sœur : une adolescente allumée, toute en fougue, tout à fait le contraire de l'homme qu'elle aime. À travers les siens, c'est Alexandre bien sûr qu'elle cherche à saisir, à comprendre qui il est réellement. La tâche n'est pas de tout repos. Plongée dans une famille dysfonctionnelle, elle constate que les problèmes sont de taille. Marie la sauveuse trouve ainsi une mission, une raison profonde d'épauler Alexandre. Sa relation prend ainsi un sens : le délivrer, lui, tout en libérant les autres. C'est ainsi qu'elle en fait son objectif privilégié, oubliant simplement son couple.

Mission impossible, les fruits ne tombent jamais loin de l'arbre, et ils ont le même goût ! Il vaut mieux soustraire Alexandre de cette emprise familiale malsaine, voilà la solution. Avoir ses lieux propres, couper les liens, rebâtir, concluant qu'Alexandre n'a pas les problèmes qu'elle a détectés chez les siens. Peut-être y a-t-il une avenue possible ?

L'inconfort perdure, même si elle s'échine à le balayer sous le tapis. Ennuyée par ce constat, sur le point de se marier, Marie s'accommode de plus en plus à sa réalité, faisant la sourde oreille et fermant les yeux. Il ne lui reste plus que quelques mois avant la vie à deux. À peine deux mois et ce sera l'irréversible. Elle a peur et ne sait pas exactement pourquoi. L'idée de se retrouver mariée pour la vie la paralyse. Comment agit-on quand on devient un couple ? Elle n'a pas eu l'occasion d'apprécier les comportements de sa mère. Étaient-ils en harmonie avec ceux de son père ? Est-ce qu'ils formaient un vrai couple ? Elle n'a pas de modèle, elle appréhende un échec.

Pourquoi ce besoin d'aller si vite ? Que cherche-t-elle ? La seule réponse trouvée est de vouloir construire quelque chose qui lui manque. Quelque chose de frais, de pur, de réussi. Paniquée, elle ne sait comment partager avec Alexandre l'état d'âme dans lequel elle s'embrouille. Elle est incapable de cerner ce qu'elle ressent, encore moins d'en parler. Marie est habitée de fantômes, Alexandre tout autant, mais ces fantômes ne font pas bon ménage entre eux : ils s'exaspèrent. Il y a celui de son père qui a laissé de grandes cicatrices et, plus récemment, celui de Jean-Pierre. Ceux d'Alexandre, il vaut mieux ne pas les aborder pour le moment, elle les entrevoit pernicieux et inquiétants. C'est l'indéchiffrable. « Qu'est qui ne va pas ? » Alexandre s'interroge. Elle ne sait plus où elle en est : la passion n'y est pas. Pas plus que le brin de folie qui devrait l'animer pour la convaincre sans équivoque qu'elle pose le bon geste. Elle ne peut se laisser aller aux soins d'Alexandre avec abandon, se perdre à travers sa vie. Elle ne trouve pas les mots pour partager tout ça avec lui, surtout pas les doutes qu'elle anticipe sur la viabilité de leur couple. Enfin, à mots couverts, elle tente de lui expliquer péniblement ce qu'elle ressent.

— Je conçois tes inquiétudes. Mais je ne te mène pas à la potence, je te conduis à l'autel.

— C'est justement à l'autel que se trouve la potence. Il y a de quoi s'en préoccuper. C'est un contrat hasardeux, le mariage, on ne s'en relève pas comme d'une mauvaise grippe.

— Je ne me pose pas ces questions. Le temps va arranger les choses. Je fonce. Pourquoi te compliquer la vie ?

— Parce que je ne sais pas qui tu es.

— Ça va venir, la vie à deux va s'installer d'elle-même.

Alexandre dit comprendre, mais il est de plus en plus évident qu'elle est seule au front. Il refuse d'aller au fond des choses. Curieux qu'il ne lui a pas demandé tout simplement : m'aimes-tu, Marie ? Pour lui, c'est de se faire du mouron pour rien. Marie a tendance à revenir à ses mêmes comportements, baisser les bras, choisir des faux-fuyants pour échapper aux confrontations. Petit à petit, elle finit par agir comme lui : lorsque les problèmes le prennent de front, qu'ils font mal ou demandent une véritable discussion, il les balaie sous le tapis ; ils sont si heureux ! Il ne veut pas savoir, il renonce à aborder les véritables questions, il fuit, se retire dans une forteresse blindée, prétextant qu'il n'y a que du bonheur en gestation, qu'il n'y a pas d'hésitations à y avoir, tout va naturellement se tasser.

Mais Marie s'inquiète, l'amour d'Alexandre ne l'atteint pas, le courant ne passe pas, les atomes crochus n'y sont pas. Depuis quelques semaines, elle se dérobe à toute tentative de rapprochement. Elle s'isole, comme d'autres se droguent, elle a la larme à l'œil, et Alexandre ne s'en rend même pas compte. Il y a quelque chose d'indéfinissable qui le rend absent à sa réalité, à la réalité des autres. Il évolue dans un monde à lui d'où elle est exclue, pire, d'où autrui est exclu. Non, il ne devine pas l'enfermement dans lequel Marie se cantonne et elle, parce que trop enlisée, ne peut revenir en arrière. Non, Alexandre ne peut le faire. Et ça, elle le découvrira un peu trop tard. Ce ne sera que des années après qu'elle comprendra le pourquoi : son incapacité à établir des liens, à se connecter à ses émotions, sa complaisance à vivre dans un intérieur anémique.

Pourtant, il est celui vers qui elle tend les bras, la personne dont son univers cahoteux a besoin. Pourquoi ? Même si les yeux de Marie sont remplis de larmes, recouverts de cernes noirâtres, il ne voit pas. Elle prend sa main dans la sienne, la garde, silencieuse elle reste. Inutile, elle réalise qu'il n'éprouve pas le besoin de l'accueillir dans ses bras, il parle d'autres choses. Chacun de son côté se tue au travail comme un forcené, de longues heures et à des temps opposés, ils ne se voient qu'à la sauvette.

Pourquoi n'a-t-elle pas réussi à bâtir une intimité avec Alexandre ? Serait-ce parce qu'il est impossible d'y arriver ? La personnalité d'Alexandre l'inquiète, surtout depuis qu'elle a mis le nez dans sa famille. Pour Marie, Alexandre incarne l'idée de l'amour, non l'amour en soi, mais du moins l'idée qu'elle s'en fait, la passion exclue ; il est intègre, honnête, fidèle. A-t-elle définitivement renoncé à cette ivresse ? La disparition de son père et la duperie de Jean-Pierre ont facilité les choses, du moins mis la table. Des témoignages spontanés d'affection, de volupté, il n'y en a pas, de folie, pas plus. S'engager pour toujours dans de telles circonstances l'angoisse.

Elle sait qu'il existe autre chose, Jean-Pierre le lui a montré. Un présage, peut-être, qu'elle ne devrait sans doute pas négliger. Insidieusement s'installe entre eux une forteresse. Elle le sent, jour après jour, prendre assise. Sont-ils voués à vivre côte à côte comme deux solitudes ? Doit-elle unir sa vie à Alexandre dans ces circonstances ? Plus la date approche, plus Marie panique. Elle a le goût absurde de fuir. Elle doit s'éloigner quelque temps pour voir un peu plus clair, partir pour réfléchir. Il est encore temps d'évaluer objectivement les engagements à prendre. Pourquoi ne pas associer un motif raisonnable à ce départ, en profiter pour chercher la tombe de son père, le lot familial ? Aujourd'hui elle a peur, l'inconfort est là et son inconscient, lui, le ressent. De toute évidence, il s'agit aussi d'un autre de ses questionnements dont il lui appartient d'en démêler les fils. Voilà pour elle la bonne occasion. Et pour Alexandre, un motif moins confrontant, plus acceptable. Quelques semaines, le temps de trouver un sens à ce qu'elle s'apprête à accomplir. Ou sinon, rebrousser chemin ?

Pourtant, elle ne jette pas l'éponge :

— Alexandre, ça ne va pas, ça ne va pas du tout ! Je dois partir quelque temps.

— Mais pourquoi ? On s'en va en voyage de noces dans quelques semaines. Si je pouvais me libérer, je t'accompagnerais.

— Il ne s'agit pas de ça, il y a plus profond, plus important. Tu n'as pas à te libérer, je veux partir seule, je dois réfléchir sur notre avenir.

— Pars, si c'est ce que tu veux. Pars ! Moi, je ne comprends pas. Mais laisse-moi te dire que ce n'est plus le temps de reculer.

Alexandre ne saisit pas une fois de plus. Ce n'est pas d'une lune de miel dont elle a besoin. Pourquoi ne la prend-il pas dans ses bras pour arrêter le cours des choses, lui dire qu'il comprend ! Ce serait si simple pourtant de lui dire qu'il l'aime, qu'il la désire. Pourquoi Alexandre lui sert-il toujours ses discours rationnels ? Pourquoi tient-il à demeurer le centre de l'univers ? Pourquoi la laisse-t-il juste au bord de la falaise, avec au cœur le goût de sombrer dans le vide ? Elle doit trouver pourquoi elle va vers cet homme. Se pourrait-il que ce père dont elle ne connaît pas la destinée tienne les fils de ses mauvais choix ? Il y a peut-être un lien à faire.

Partir ! Pour émerger. Les départs l'ont toujours attristée. Celui de son père a été le premier auquel elle fut confrontée. Jamais elle n'a pu en effacer la trace. Le vide après l'enchantement. L'abandon ! Par la suite, les départs ont continué de l'affliger. Plus encore aujourd'hui. Est-ce l'idée de la rupture, de la fuite ? Marie est déstabilisée en ce moment, toute décision la chavire profondément. Elle a peur de l'engagement, il doit bien y avoir une raison. Le mariage la terrifie, c'est s'engager pour la vie, jusqu'à la mort. Son père a failli à ses engagements. Et elle ? Le même sang que lui, une infidèle. Que sera-t-elle dans cinq, dix ou quinze ans ? Que sera Alexandre, alors qu'elle ne sait même pas qui il est à ce moment ? Pas plus que lui ne le sait. « Il n'est que ce que je crois, mais en réalité, qui est-il ? »

# 17
# Une chimère ?

Elle part, soi-disant pour éclaircir le geste qu'elle s'apprête à poser, qui va changer sa vie à venir, pour comprendre ce mariage appréhendé. Mais sa démarche est consciemment doublée d'une autre quête. Trouver ce qu'il est advenu à son père avant sa mort. Où a-t-il été enterré ? Elle veut savoir. Elle réalise lucidement que ce mariage doit être précédé par des éclairages indispensables à son bonheur. Une question fondamentale, non résolue de son enfance, doit être élucidée. Ses comportements tiennent de cette question.

Marie roule, roule vers le sud sans s'arrêter. Elle a déjà des kilomètres et des kilomètres derrière elle. Sa Coccinelle déglinguée tient la route. Après s'être fourvoyée dans les innombrables échangeurs de l'autoroute, elle décide sur un coup de tête de quitter le béton étourdissant, de bifurquer vers la côte et de se rapprocher de la mer. Elle a un faible pour les itinéraires peu fréquentés. Ils portent à l'introspection, moins de superflu susceptible de l'éloigner des choses essentielles. Déçue, elle se retrouve d'abord dans une banlieue désolante et contourne une petite ville annoncée à la sortie, dont le nom l'avait pourtant frappée par son exotisme. En douceur, tout se transforme lentement, tout devient différent. De petits villages uniques offrent un cadre idyllique de paysages et de décors insolites. Les abords de cette localité incarnent déjà la sérénité, et l'intérieur dégage la joie de vivre. Il y a des voitures stationnées un peu partout, des gens attablés sur les terrasses des cafés qui argumentent, gesticulent devant des pichets de bière ou des bouteilles de vin ouvertes. Nul doute qu'ici, ce sont les vacances, le riant de l'été. Cependant, l'agglomération est vite franchie et elle se retrouve sur la route plus achalandée. En un coup de volant, elle emprunte une voie qui lui semble mener à la mer. Elle roule longtemps sur une route, puis sur une autre, et sur une troisième de gravier à travers des champs en friche. Égarée dans ses pensées, elle voit sa courte existence se dérouler doucement en une suite de tableaux reliés les uns aux autres, qui se rattachent presque tous à son père. «Je ne peux le nier, il est là le fil conducteur de ma vie jusqu'à présent.»

Finalement, Marie aboutit dans un secteur un peu perdu mais fort joli. Il doit être aux alentours de vingt heures trente, et le soleil disparaît rapidement à l'ouest. Elle ne s'est pas trompée, elle repère l'eau à l'horizon, à travers les hautes herbes typiques des paysages salins. Comme dans tout village de mer qui se respecte, la route sillonne la côte en longeant l'océan d'un côté et en bordant d'élégantes maisons de l'autre. Une dizaine tout au plus, plusieurs d'entre elles sont imposantes et cossues, centenaires pour la plupart. Au large, elle distingue la courbure d'une île en demi-lune. C'est là où elle veut séjourner quelques jours. Ne trouvant pas le quai, elle longe attentivement le littoral, cherchant en vain la voie d'accès, scrutant les bateaux rentrés au port ou ceux mouillant au large.

Au tournant, Marie s'arrête à l'épicerie du village, désireuse d'aller aux informations et de prendre le pouls de la place. Attendant son tour – c'est qu'il y a de l'animation dans ce commerce –, elle interroge la vieille femme à la peau parcheminée qui tient la caisse. Elle s'attarde, prenant le temps de parler à quelques-uns et d'écouter leurs histoires colorées.

— Je veux me rendre à l'île, mais je ne repère pas la descente vers le quai.

— Oh, vous vous y perdrez pas, ici, la mer, elle est partout.

Se dirigeant gentiment à la fenêtre, elle lui indique de la main la route de gravier :

— Regardez, la v'là, la mer, elle est là !

— Connaissez-vous de bons gîtes sur l'île ?

— Pour sûr qu'y en a. S'ils sont bons ? Vous me le direz.

Elle lui répond d'un ton taquin, affichant un sourire édenté.

— Mais attention, brettez pas, ma p'tite dame, y sont pas légion. Tout de même, y'en a, que j'vous ai dit, c'est sûr qu'y en a !

— C'est une question un peu absurde, mais il y a bien un traversier pour l'île ?

— Le traversier ? Là, vous êtes un p'tit brin en retard. Les bateaux suivent la marée, vous savez. Les horaires sont là, accrochés au mur, mais c'est terminé pour aujourd'hui ! Vous êtes sûrement pas du coin, vous, pas accoutumée à l'île, hein ? C'est sûr, ça se voit ben que vous êtes pas de la place.

— Non, c'est la première fois que je viens dans la région.

— J'disais ben aussi. À c'te heure-là, y faut plus espérer vous rendre à l'île. Le dernier bateau a traversé depuis la demie. La marée est basse maintenant, ça va aller à demain. Là, c'est de ce bord-citte qu'il faut dormir, vous résigner, ma p'tite dame, pis visitez la côte.

— Et les accommodations de ce côté-ci, il y en a ?

— Ouais, mais en bas, au sud, beaucoup plus bas. Le mieux à faire, c'est de r'prendre la route principale et de rouler, rouler. Y'est pas dit qu'il va y avoir de la place. Icitte, tout là-haut, y'avait l'Oasis. Mais j'crois ben qu'a fermé depuis un temps déjà, à moins que j'fasse erreur. Ben, ça coûte pas cher de *checker*, avant de vous en retourner – car vous en avez pour une bonne heure en descendant plus bas. Si j'tais vous, j'irais voir. Des fois, y'a des rumeurs à ce qu'elle soit revenue, la Jeanne. Ma fille l'aurait vue sur la Grand-Place le week-end passé. C'est tout juste au tournant, que j'dis, y'a rien à perdre, que j'dis !

Marie se dit qu'elle a intérêt à vérifier. Même si ce n'est pas tout à fait au point, l'Oasis lui évitera de se rendre plus loin et de risquer de se buter à des hébergements complets. Ce dont elle n'a pas du tout envie. Mieux vaut chercher un refuge tout de suite et se garantir d'un siège sur le traversier. Avant de reprendre la route indiquée, un peu plus loin sur la montée de gauche, elle aperçoit une vieille habitation toute blanche à volets noirs. Il ne peut s'agir que de l'auberge mentionnée, même s'il n'y a pas d'affiche. Elle ne voit personne pour le lui confirmer, mais se dirige comme par instinct à cet endroit.

Deux voitures garées dans l'allée principale affichent des immatriculations étrangères. Marie repère un écriteau désuet qui pendouille, un portail de fer forgé envahi par des lierres et des ronces abondantes. Ravie, elle constate qu'il s'agit effectivement d'une auberge. Elle s'arrête, contourne la maison et gravit l'escalier de façade pour manifester sa présence. Une dame se pointe sur la grande galerie décrépite. Marie se présente, consciente, en le faisant, de jeter un certain malaise. Son interlocutrice blanchit, fige. Tout est complet, dit-elle avant de se raviser : elle peut l'accommoder avec une chambre d'appoint.

— Vous savez, vous ne trouverez rien plus bas sur la côte avant des kilomètres et des kilomètres. Si vous voulez rouler, libre à vous, vous en avez pour plus d'une heure. Mais même si vous trouvez quelque chose, l'hébergement n'est pas fameux. Si c'est le cas, vous devrez prendre votre courage à deux mains et remonter dans le coin.

— Quoi qu'il en soit, je devrai remonter, l'île est le but de mon voyage. Il est hors de question d'y renoncer, j'y tiens, mais je préférerais repartir demain matin. Après une bonne nuit de sommeil, quand même.

Marie ne peut prendre le risque de se cogner le nez sur une porte fermée. Même conduire quelques kilomètres de plus, non merci. Elle est épuisée, se meurt de faim et il se fait tard.

Cette femme élancée et jolie, elle a l'impression de la connaître, de l'avoir déjà vue quelque part. Étonnée, perplexe, elle ne lui manifeste pas ce fait qu'elle perçoit étrangement réciproque. Elle entre simplement à la réception remplir les formalités et retourne chercher ses bagages après lui avoir remis son passeport, comme réclamé. Question de prudence, il passe beaucoup de monde, elle doit inscrire nom et adresse, prétend la tenancière. Au retour, elle constate qu'elle a rangé son passeport dans un des casiers d'une petite armoire suspendue au mur derrière elle. À la vue de Marie, elle retire la clé qui se niche à l'intérieur et l'invite à la suivre.

— Vous gardez mon passeport ? Il me semble que vous avez pris mes coordonnées ?

— Si si, je l'ai fait. C'est une autre formalité, il en est toujours ainsi. Il est coutume de le déposer en arrivant dans les hébergements de la côte. Je garde le passeport que je vous remets en partant. Ici, vous n'en aurez pas besoin. Dans le village, il n'y a rien ! Vous iriez où ?

— Je n'en ai pas besoin. Effectivement, je n'irai pas très loin ce soir.

— Je vous montre votre chambre. Par la suite, pourquoi ne pas vous reposer un peu ? Vous descendrez quand bon vous semblera. Vous savez, rien ne presse ici. Je vous attendrai. Si ce n'est pas avec mon menu régulier, je vous dépannerai avec autre chose.

Marie passe par la salle à manger, une odeur de thym embaume tout le rez-de-chaussée. Installés à une table, des hommes la saluent aimablement. Une grande salle de séjour donne sur la terrasse, où un auvent invite les occupants à se protéger de la pluie ou du soleil dans de somptueux fauteuils de rotin. Près du foyer, deux vieilles dames jasent devant une bouteille de vin entamée de moitié, une sonate de Mozart jouant en sourdine. À repérer les portes numérotées, l'Oasis doit compter cinq ou six chambres. L'hôtesse la précédant, Marie l'accompagne au second plancher. Tout en lui présentant les lieux, elle lui fait franchir un demi-escalier où s'ouvre devant elles une immense pièce limitrophe au grenier. Elle explique que l'endroit servait autrefois de rangement, qu'elle en a fait un lieu particulier, mais qu'elle hésite encore à en faire l'ajout à l'auberge. Une pièce sympathique où Marie se sent agréablement disposée, une retraite providentielle.

— Vous entrez ici dans mon refuge intime. Le cachet d'origine est demeuré tel quel. Les coffres sont encore pleins d'effets et de souvenirs personnels. Un endroit de recueillement. J'offre cette chambre très rarement, dit-elle avec une complicité bienveillante.

— …

— Cette pièce de la maison n'est ouverte qu'en été. En basse saison, elle est un peu froide, les grands vents de la mer ici ne pardonnent pas.

— Et en plein été ?

— Hé oui, même en plein été.

Indiquant le lit à baldaquin :

— En ce moment, je doute fort que vous ayez froid, enfouie sous les couvertures. Si c'était le cas, la pièce est pourvue d'un chauffage d'appoint extrêmement efficace.

La chambre est accueillante, comme tout le reste de l'auberge. Qui plus est, elle a un quelque chose d'unique, d'exceptionnel. Des chevrons apparents partent de poutres de bois vieillot, où sont suspendus des objets hétéroclites. Ils forment un tout pourtant agencé et séduisant, où masques, paniers de jonc, ombrelles, éventails de soie et de plumes, dentelles et fleurs cohabitent. Marie ne pense pourtant qu'à une chose, se glisser sous la couette duveteuse, déposer sa lourde tête sur les oreillers moelleux et se jeter dans les bras de Morphée au plus vite. Vénérant la quiétude qui a envahi la pièce, elle reste dans sa bulle afin de ne pas briser le charme qui l'enveloppe. Elle a dû somnoler un peu, voire dormir. Combien de temps? Elle cherche sa montre. Pas la peine, elle est ramenée sur le plancher des vaches par le bruit de la vaisselle et par son estomac. Si elle ne bouge pas, ce cocon apaisant la gardera casanière elle ne sait jusqu'à quand. Risquant fort de se retrouver au lendemain ou de se buter à une table dégarnie, elle se secoue.

Marie descend au rez-de-chaussée. En entrant dans la salle à manger, elle ne voit pas de place individuelle. Hésitant un instant, elle remarque que l'hôtesse pointe du doigt la grande table où une douzaine de couverts sont déjà mis.

— Vous pouvez vous y installer, je reviens.

Deux autres clients, un homme et une femme assis face à face, font signe à l'aubergiste de remplir leur verre. Chaleureusement, la femme sourit à Marie, tout en l'invitant à se joindre à eux, son accent l'ayant trahie :

— Si cela vous convient, bien entendu.

L'homme se lève immédiatement, tirant la chaise sur sa droite :

— Il n'est pas question de vous laisser seule, acceptez notre invitation. Je me présente, François ! Voici ma collègue de travail, Brigitte.

— Enchantée ! Et moi, Marie !

S'adressant à l'aubergiste :

— Jeanne, vous voudriez bien nous apporter un troisième verre.

Et vers elle :

— Vous êtes ici pour quelques jours?

Tendant une main enthousiaste, fort contente de trouver de la compagnie dans cet endroit inconnu, Marie se joint à eux :

— Je suis de passage seulement. Je m'arrête ici pour une nuit. En fait, je me dirige plutôt vers l'île, où je séjournerai quelques jours. Mais il n'y a plus de traversier à cette heure-ci. Ça ira à demain.

— Vous avez une réservation ?

— Non ! Il en faut une ?

— Oh que si ! Si vous n'en avez pas, vous aurez peut-être à attendre plusieurs jours. Il vaudrait mieux vous assurer d'une place à bord avant de libérer votre chambre. Simple prudence.

— Je ne pourrai sans doute pas demeurer à l'auberge. L'hôtesse me dépanne pour ce soir, avec sa dernière chambre disponible. Avec la sienne, en fait, à ce qu'elle m'a dit. Elle a même hésité avant de le faire, me disant qu'il n'y avait plus de place.

— Complet ? Vous êtes certaine ? Comme c'est curieux ! Nous avons croisé quelques personnes tout à l'heure avant le repas. Ils ont quitté les lieux, je ne les vois pas.

Ses compagnons semblent intrigués : ils n'ont pas vu de clients depuis leur arrivée.

— Regardez vous-même. Le stationnement est vide. La voiture qui est là appartient aux deux femmes devant le foyer. Ce sont les seules résidentes de l'auberge depuis hier. Le drôle de bâtiment en annexe tout à côté abrite une douzaine de chambres. Et il est vide.

— Jeanne, l'aubergiste, m'a pourtant précisé que l'auberge était complète, en arrivant.

— François, tu vois ce que je te disais. Moi, je... je m'interroge.

— Toi, tu adores les intrigues. C'est vrai, Brigitte voit et entend des choses depuis notre arrivée. Elle échafaude des fictions abracadabrantes, persuadée que la pauvre Jeanne cache quelque chose.

— Alors, explique-moi donc, cher François, pourquoi a-t-elle dit à Marie que tout était complet ?

— Peut-être avait-elle des réservations et que les gens ne sont pas venus.

Lui-même peu convaincu par sa réponse, François fait rapidement diversion en expliquant le menu.

— En tout cas, elle cuisine divinement : un navarin d'agneau aux petits légumes et une succulente tarte.

Puis, il se lève pour prendre congé.

— Mesdames, j'ai eu une rude journée, je vous laisse. Je ne suis pas un habitué de la marche, tous mes muscles sont endoloris. Comme je veux reprendre la marche demain, je cours me mettre au lit refaire le plein d'énergie. Je vous tire donc ma révérence, vous voudrez bien m'excuser.

Brigitte reprend le fil de la conversation.

— Cette femme a le don d'apparaître et de disparaître à notre insu. De l'endroit où elle se retire, elle nous surveille, j'en suis sûre.

Marie sursaute lorsque la main de Jeanne se place sur son épaule. Brigitte se rend compte de son malaise.

— Marie, il ne me reste plus de navarin à vous offrir. Je n'avais pas bien calculé. Désolée ! Des cochonnailles avec une salade verte devraient vous suffire jusqu'à demain matin. Je me suis engagée à vous ravitailler, voilà, c'est tout ce qu'il me reste.

— Ça me va très bien, Jeanne. J'apprécie...

Marie n'a pas le temps de répondre que Jeanne s'éclipse, tenant pour acquis son assentiment à son choix de menu. Brigitte se lève et pousse lentement sa chaise contre la table.

— Je comprends de moins en moins. Je vous souhaite une bonne nuit, nous nous reverrons demain. Mes jambes sont encore en condition et je n'ai pas sommeil. Je me rends jusqu'au quai fumer une ou deux cigarettes. Une petite marche me disposera à mieux dormir. N'ayez crainte, je serai discrète en montant en fin de soirée pour ne pas vous réveiller. Ces anciennes maisons craquent de partout !

L'énigmatique Jeanne réapparaît et commente les propos de Brigitte :

— Vous n'avez pas à vous préoccuper du bruit. Brigitte ne vous dérangera pas en rentrant. Vous n'êtes pas logée à la même aile. Là où vous êtes, vous n'entendrez personne et personne ne pourra vous entendre. Soyez à l'aise !

— Brigitte, je suis si brûlée que je serais bien surprise du contraire. D'autant plus que c'est exact ce que dit Jeanne, la chambre que j'occupe est à l'écart de la maison, en fait, au grenier.

— Avant que je l'oublie, si j'étais vous, je ne tarderais pas demain à regarder pour le bateau. À m'assurer d'une place disponible. C'est inouï le va-et-vient au port ces jours-ci. Une fête commémorative se prépare, je crois. J'ai peur que vous ne soyez déçue. Bonne nuit, Marie, faites de beaux rêves.

— Vous également, Brigitte.

La salle à manger avec ses deux longues tables monacales lui semble exagérément solennelle pour une simple auberge de villégiature. Éteints, des chandeliers fastueux placés au bout de chaque table exacerbent leur faste. Leurs branches brillent dans la pénombre. Un minuscule bougeoir, destiné à chaque convive, éclaire d'un faisceau défaillant la table. Sa chétive bougie à elle, à bout de mèche, vacille. Jeanne déambule mollement, l'avertissant de ceci, de cela. Puis elle s'évanouit. Une impression d'abbaye où une moniale paraphe les règles d'un cloître secret. Marie jette un coup d'œil du côté du séjour, il est désert. Les deux vieilles dames de tout à l'heure ont traversé à la terrasse. Mozart a abdiqué, sa symphonie a été chassée du même souffle par une musique lugubre.

Avec un sourire engageant, Jeanne dépose devant elle un potage gastronomique.

— Ça me semble bien alléchant, mais c'est beaucoup trop pour moi, Jeanne. J'ai bien peur de ne pouvoir le finir.

— Allez ! Mangez ce que vous pouvez. Vous étiez affamée. Vous verrez, c'est surprenant parfois.

Marie, à bout de réserves, dévore goulûment, vide son bol à soupe en un rien de temps. Un parfum acidulé émane de la porte de la cuisine d'où filtre un mince filet de lumière. Elle entrevoit Jeanne se déplaçant devant le dressoir de travail, son ombre déformant les contours des murs. À peine quelques minutes plus tard, elle apporte les cochonnailles et la salade annoncées.

— Oh ! Ça me conviendra amplement. Après une soupe aussi consistante, c'est même copieux.

Marie termine à peine son dernier morceau de pain que Jeanne réapparaît avec une bouteille de porto déjà ouverte. Deux verres sont remplis. Elle dirige le premier vers elle et s'installe sans invitation tout doucement à sa droite avec le second. Marie explique à Jeanne qu'elle n'est pas friande de digestifs : ils lui flanquent systématiquement le mal de bloc. Mais ne voulant pas déplaire à son hôtesse, elle trempe les lèvres comme si de rien n'était.

— C'est le noir complet aux fenêtres de la salle à manger. Dites-moi, est-ce normal ?

— Tout à fait normal, la saison avance.

— Il est vrai aussi que lorsque je suis arrivée, l'heure était passablement avancée et le soleil déjà bas.

— Je vous ressers une goutte de porto ?

— J'ai déjà pris ma ration, j'aime mieux y renoncer, tout comme pour le pudding d'ailleurs. Ce sera suffisant comme ça.

— Dites-moi, sans indiscrétion, qu'êtes-vous venue faire dans le coin ?

— C'est drôle, vous me posez exactement la même question que Brigitte tout à l'heure. Je fais des démarches au cimetière. Je cherche quelqu'un qui a disparu.

— Et il a disparu dans la région ?

— Pas nécessairement.

Jeanne ne semble pas attacher d'importance à sa réponse et remplit à nouveau son verre avant de retourner à la cuisine. Les boiseries ondulent sur son passage, brouillant sa silhouette en ombres disproportionnées. Marie se lève et jette un coup d'œil à la terrasse. Elle est vide ! Elle entend pourtant des bruits insolites. Quelque chose ne tourne pas rond dans cette maison. Elle se sent soudainement étourdie, se rassoit donc un instant, le temps de se ressaisir.

Soucieuse de tester ses capacités, elle se dirige au foyer, où crépite un feu attisé par une main invisible. Elle prend place devant l'âtre. Étonnée ! Elle trouve une bouteille placée sur le guéridon. Le même porto servi à la table par Jeanne. Cette bouteille n'est pas venue toute seule, elle y est pour quelque chose. Cette délicatesse ne la rassure guère. Comme si de rien n'était, elle évite toute pensée négative sur sa présence, se concentrant plutôt sur les tisons incandescents. Les accords sinistres de Mahler intensifient son malaise. Deux phrases tambourinent sans cesse à ses oreilles et martèlent ses tympans : « Vous n'êtes pas logée à la même aile qu'eux. Là où vous êtes, vous ne risquez pas d'entendre personne et personne ne pourra vous entendre. »

D'un seul coup, la panique l'assaille. Marie n'attend pas que Jeanne revienne. Elle court vers sa chambre, animée par elle ne sait quel instinct de survie, mais ne repère pas tout de suite l'escalier. Elle tente de récupérer son passeport toujours rangé dans l'armoire de la réception. Il le lui faut, sinon elle est prisonnière. Jeanne l'a réquisitionné et l'a conservé sous clé. Elle sonde l'armoire derrière le comptoir, elle est verrouillée. Marie l'entend lui redire : « Vous n'en aurez pas besoin. Dans le village, il n'y a rien. Vous iriez où ? » Elle repasse devant la porte vitrée, derrière laquelle elle sent une présence immatérielle. Enfin, l'escalier ! Troublée, elle grimpe deux par deux les marches qui n'en finissent pas de monter, elles se dérobent sous ses pieds. Elle trouve la porte et s'y précipite.

Marie referme derrière elle, tourne la clé dans la serrure, cherchant en vain un loquet supplémentaire. Elle place fébrilement un fauteuil contre le chambranle et se réfugie sous les couvertures, comme une enfant paniquée.

Disparue, la volupté d'il y a quelques heures, lorsqu'elle a pénétré dans ces lieux à son arrivée. Une lumière vacille à la fenêtre. Elle se lève d'un bond et entrouvre les tentures, puis les referme d'un trait. Son cœur s'emballe, il bat à tout rompre. Sa pensée est attirée par le tic-tac de l'horloge et le ruissellement du robinet qui fuit goutte à goutte. Le vent soulève les vagues sur la côte. Leurs remous impétueux déferlent et accentuent sa frayeur. Des bruits insolites fusent de partout, des murmures à peine audibles. Comme un oiseau traqué, elle se recroqueville en boule. La position fœtale lui convient, la calme un peu. Encline à reprendre le rituel de son enfance, lorsqu'elle prenait place sous les couvertures, elle inspecte sous le lit plus d'une fois. Rassurée, elle se laisse aller. Comme invariablement le doute l'assaille de nouveau, elle vérifie une fois de plus.

C'est une manie reliée à une peur remontant loin dans le temps. Du temps de l'orphelinat où elle y vécut la détention. Elle revoit souvent cette pièce où, enfermée pour indiscipline, elle fixait du regard une diabolique murale accrochée au mur. Avec le temps, son souvenir s'est modifié à travers son imaginaire d'adolescente, d'adulte maintenant. Cette fresque religieuse présentait un homme plantureux, d'âge avancé, gisant dans un ramassis de draps froissés sur un lit surélevé. Il se tordait de douleur alors que des flammes pourléchaient couvertures et matelas. Sous le lit, un dragon-serpent aux ailes écailleuses projetait le feu à gueule ouverte. Cet homme, un forcené ayant vécu une vie dissolue – bombance, beuverie et débauche –, résistait désespérément. Le grand Lucifer accolé au pied du lit attendait avidement sa dernière heure pour le précipiter à jamais dans les flammes de l'enfer. Quand le diable tient sa proie, il la tient vigoureusement, proclamait du haut de la chaire le curé d'alors. Ce spectacle la traversait jusqu'aux os. Elle tente de se contrôler, mais des tableaux défilent, ceux du temps de l'orphelinat, particulièrement ceux de la cave, de la chambre où elle a été enfermée. Elle a la chair de poule. Dans le temps, elle ressassait les bêtises de la journée, les fautes si petites soient-elles la condamnant à l'avance : avait-elle manqué d'égard envers autrui, menti ou désobéi ? Qu'elle eut des pensées impures ou fait un geste peu charitable, tout menait à un châtiment. Et son expiation occupait toute sa nuit.

Elle serre les paupières à en laisser des rides sur ses joues, puis les desserre une à une. La pleine lune lui retourne l'image de son habituel cauchemar, la nuit où Sainte-Souf soulève la couverture et pose la main sur sa hanche. Fébrilement, les mains de la sœur qui parcourent ses fesses, tentant de glisser à l'intérieur de sa cuisse, tout en cherchant avidement sa bouche.

Ses angoisses s'estompent peu à peu, elle se raisonne. Mais elle n'en démord pas, Jeanne éveille en elle de curieuses émotions. Une inquiétude l'obsède : qui est-elle ? A-t-elle un lien avec son père ? Elle a réagi étrangement lorsque Marie a décliné ses coordonnées. Pourquoi tenait-elle à l'accommoder ? Par sa propre chambre de surcroît. Il faut partir, le plus tôt sera le mieux.

# 18
# Des pas sur le gravier

Marie s'éveille en sursaut, un craquement la ramène à la réalité. Combien de temps a-t-elle dormi ? Soudain, une chaleur intense la traverse. Il y a quelqu'un dans la chambre. « Je ne me trompe pas, quelqu'un me surveille. » Confondue par son attitude angoissée depuis qu'elle a mis pied dans cette maison, elle qui n'est pas le moins du monde poltronne, elle a peur au moindre bruit.

Une ombre se dessine. Lentement, elle se déplace et se profile sur le mur. Affolée, Marie ouvre les yeux. On l'observe. Deux minuscules traits lumineux percent le tissu de cotonnade fleurie et la traquent telle une proie. Immobiles, ils attendent pour l'attirer dans leur guet-apens. Ils ne bronchent pas, ils s'accrochent et la fixent. En transe, trempée de la tête aux pieds, elle perçoit ses carotides frapper en rafales, elles poussent son sang dans ses artères à grands coups de sifflements. Elle sent son bras gauche paralyser, annonçant l'infarctus imminent. Elle endure ce stress sans broncher, puis avale sa salive, sa respiration s'exhalant furtivement. Elle suffoque. Spontanément, une évidence criante : Jeanne, Jeanne, Jeanne ! Elle répète ce prénom.

À deux doigts d'étouffer, Marie sort du lit et tire violemment la tenture. À l'extérieur, sur le toit, un énorme chat, planté sur son arrière-train, maintient son regard cimenté sur elle. « Un chat ! Je deviens ridicule. À moins que Jeanne ait ensorcelé ce satané minou. » Son jugement s'égare. Au lieu d'en rire, assommée, elle se met en colère. Elle a inventé tous ces scénarios. Trop facile, cette explication absolue a quelque chose d'alarmant, de menaçant. Elle s'étonne encore. Mais comment Jeanne peut-elle s'apparenter à cet inconfort ? L'animal ne bronche pas. Si elle n'avait pas la ferme impression de se rendre encore plus absurde, rien ne la retiendrait de l'étrangler de ses propres mains. Elle l'injurie comme une insensée, s'obstinant à ne pas ouvrir la fenêtre, puis prend son courage à deux mains et le dévisage à son tour.

Élégamment, sans se précipiter, le félin bondit de la corniche du premier étage et redescend lentement. Elle a vraiment fait une folle d'elle : un vulgaire chat de gouttière. Au comble du burlesque, Marie se raisonne enfin et retourne se coucher. Tout de même, elle regarde sous le lit : rien, rien du tout ! « Ma parole, je deviens paranoïaque. » Après bien des luttes, elle sombre dans le sommeil.

Le lendemain, un soleil radieux filtre à travers la tenture demeurée entrouverte. Quelques rayons égarés traversent un amas de particules en suspens, donnant ainsi à la pièce une ambiance feutrée. Quel calme, quelle harmonie. Elle s'en veut d'avoir gâché une nuit qui s'annonçait au départ pourtant si agréable. Comme une gamine, elle s'est bêtement laissé avoir par son imagination. Tout de même, son intuition la pousse à fuir ces lieux. Jeanne en est la raison première. Vite, vite, avant que la maisonnée se réveille. Elle se lève en flèche, ramasse en vitesse tous ses effets, les fourre pêle-mêle dans sa valise. Il vaut mieux déguerpir d'ici sans esclandre et se rendre au traversier. Elle profitera de ce petit matin en solitaire, comme elle aime habituellement le faire. Par la suite, elle fouillera les alentours pour se trouver une autre piaule au cas où elle n'aurait pas accès au traversier aujourd'hui.

Marie croise Jeanne au pied de l'escalier, juste à la sortie de la salle à manger. En guise de salutations, elle dit simplement :

— Vous, vous avez mal dormi.

En retour, Marie lui signale vouloir acquitter le coût de sa chambre tout de suite et lui demande de lui remettre son passeport. S'exécutant, Jeanne s'enquiert, un peu surprise :

— Vous ne prenez pas le petit-déjeuner ?

— Non, je n'ai pas faim.

— C'est bien ce que je disais. Vous avez mal dormi.

Voilà, elle repère la descente en raidillon se rendant au quai. Elle découvre des petites maisons proprettes aux couleurs criardes, de simples maisons de pêcheurs. Devant elle, l'eau à perte de vue. Mais quelle n'est pas sa déception de voir à cette heure autant de voitures faire la queue. D'un coup d'œil, à partir du quai, elles sont immobilisées sur deux rangées jusqu'au haut de la côte. En marge, un sentier longe la route. Des piétons vont allègrement sans sembler éprouver d'impatience. Elle se rend directement prospecter les lieux. Derrière, la file de voitures s'est encore allongée. Incrédule, elle regarde les nombreux estivants qui patientent. Ils viennent de rater le traversier qui a déjà largué les amarres, et attendent le prochain.

Elle entre dans la file à son tour et c'est à elle maintenant de protéger jalousement son rang. Après une grosse heure d'attente, elle arrive enfin au guichet pour que la préposée confirme sa réservation. Elle ne peut évidemment rien fournir.

— Vous n'avez pas de réservation ?

— Je n'ai effectivement pas réservé à l'avance, je ne croyais pas que c'était nécessaire.

Stupéfaite, elle la relance :

— Que pensiez-vous, là, vous êtes pas au courant de ce qui se passe sur l'île ? La liste d'attente pour les voitures et les motorisés est complète depuis le printemps dernier.

Marie insiste. Ça lui prend une place, il faut qu'elle traverse.

— Je ne savais pas qu'il était difficile de prendre le bateau. Dites, il me faut absolument une place.

— Impossible, non, mademoiselle !

— Vous n'y pensez pas ? Je suis venue exprès pour me rendre au cimetière Saint-James.

La préposée la dévisage comme si elle venait de dire une hérésie. Elle se demande sûrement ce qu'il y a d'extraordinaire à visiter un cimetière.

— *My God*, pour le cimetière Saint-James ? J'comprends pas, pour un cimetière.

Marie ne saisit pas très bien son accent, mais constate qu'elle est complètement abasourdie et ne peut résister à l'interroger :

— Alors, là, j'sus dépassée, vous ne venez pas pour la cloche ? En un autre temps, j'dis pas, mais cette année, j'comprends pas. Y viennent tous pour la cloche. J'ai pas le temps de vous expliquer, mais informez-vous, c'est tout un événement.

— Je vais le faire, n'ayez crainte.

— V'nir de si loin, vous y tenez vraiment, qu'est-ce qu'il a ben de spécial, c'te cimetière ?

Elle n'attend pas la réponse, consciente de commettre une indiscrétion, ou par simple manque d'intérêt pour la visite d'un tel lieu. Marie insiste à nouveau.

— Je dois avoir une place. Comprenez-moi, c'est très important pour moi. Je dois me rendre au cimetière sans faute. Je viens pour ça, vous voyez.

— J'comprends, j'comprends, mon petit, mais cimetière ou pas, vous d'vrez patienter. Cette année, c'est la… c'est la folie furieuse pour… Enfin, y viennent pas pour le cimetière, eux, les morts, vous savez, ça intéresse pas beaucoup. Mais attendez, on sait jamais. Il y en a qui se présentent pas, vous savez. C'est comme ça l'monde, y changent d'idée, y nous font souvent faux bond. Pis nous autres, on les attend pas, on comble les places su'l bateau avec les autres en ligne su'l quai.

La dame lui explique qu'elle est quasi la dernière d'une longue liste d'attente et que, veut, veut pas, elle en a pour des heures à surveiller, sans certitude de passage, ni aujourd'hui, ni demain, ni après-demain.

— Bon, à votre place, j'y compterais pas trop. Pas pour tout suite, en tout cas.

Le traversier dans la rade est plein. Il vient tout juste de quitter la rive avec le reflux, le «jusant» comme on dit. Il ne reviendra qu'avec le flot demain matin. Plus de marée montante, plus de traversier. C'est le dernier pour aujourd'hui.

— Mais ça n'a pas de sens, des jours à attendre comme ça sans savoir. Je ne dispose pas de longues vacances et je n'ai pas de gîte pour la nuit qui vient.

Elle la supplie, les larmes aux yeux. «Elle ne peut me faire ça.» La caissière se radoucit et ajoute gentiment qu'elle fera tout en son possible pour l'accommoder.

— Et si je traversais à pied?

— Ben, alors, là, c'est différent. À pied, j'peux vous trouver une place plus rapidement. Mais j'peux pas compacter non plus les passagers, les assurances y'aiment pas ben ben ça. Y sont chialeux.

— Demain?

— Demain, il faut voir, j'cré ben qu'oui. J'vas pouvoir vous arranger ça. Mais oubliez ça pour à soir. Le départ y'était full, j'peux pus rien pour vous.

L'air désabusé, arborant un sourire complaisant, elle souligne lui accorder une faveur toute spéciale.

— Hé ben! J'serai fine pour vous, vous m'touchez avec votre histoire de cimetière, vous devez avoir une bonne raison. Bon, voyons voir par là. Ouais, y'a une place pour piéton demain à la première heure.

— Mais où vais-je me loger pour cette nuit?

— Ah! Ça, c'est votre problème, moi, j'donne des places pour la traversée, c'est ben assez, j'm'occupe pas d'hébergement. L'île est courue. Y'aurait fallu être plus prévoyante.

On vient pas ici en été, sans réservation. Surtout c't'année. Si vous voulez garder la réservation, il me faut un numéro de téléphone où j'peux vous joindre.

Un tien vaut mieux que deux tu l'auras. Marie accepte le billet de piéton pour le lendemain, tout en s'inscrivant sur le tableau des annulations, au cas où elle pourrait glisser sa Coccinelle.

— Sachez que vous devrez r'faire la file. Ça marche pas comme ça, mademoiselle. Y faut un numéro où je peux vous r'joindre. Sinon, oubliez ça. Faites vite, les gens sont pas patients.

N'ayant pas le choix, Marie donne les coordonnées de l'Oasis, sachant fort bien qu'il est hors de question d'y remettre les pieds. Elle trouvera un autre endroit et reviendra corriger en personne. Ennuyée, elle quitte la file pour laisser place à la famille enthousiaste derrière elle, bien soulagée d'accéder enfin à la caissière. « L'île doit être rudement jolie pour créer un tel achalandage. »

En tout cas, la côte, dont elle aperçoit les contours, est magnifique. Des criques roussies émergent de partout, des petites baies, brisées par des vagues harassantes, dévoilent des points de vue époustouflants. Au-dessus, les falaises alvéolées s'apparentent à des rayons de miel occupés. Accompagnée des cris des mouettes, Marie tente de capturer les rayons de soleil emprisonnés au creux de leurs escarpements. Tout au loin, des rochers sombres veillent sur ce paysage délaissé. Leurs flancs privés de lumière cachent des replis creusés au fil des ans. À l'horizon, sur la gauche, elle entrevoit la pointe de l'île, blottie à la manière d'une tortue endormie. Rien ne bouge autour, si ce n'est quelques nuages floconneux qui se chamaillent au-dessus de petites habitations en ruine. Elle a une journée à perdre, elle y reviendra.

Le bruit du ressac la guide. La mer ! Là, juste à ses pieds, devant elle à perte de vue. Des herbes folâtres, des dunes de sable, rien ne manque. Elle stationne sa voiture, se déchausse et court à la grève, cueillant deux ou trois verges d'or en cours de route. À grandes enjambées, l'herbe sèche se couche sur son passage, ébrouant la broussaille aride. Parmi les joncs ambrés, elle aperçoit des canards, de grands hérons argentés et de petites aigrettes crayeuses. Celles-ci, énervées par sa présence insolite, en font fuir plus d'un. Des kilomètres de sable fin sur lequel la marée a déposé de nombreux coquillages, palourdes, coques et crabes de toutes les couleurs. Des mouettes viennent se régaler de cette manne providentielle, et s'éloignent au premier spectateur s'approchant de trop près. Des traces sur le sable s'estompent, empreintes laissées çà et là par un promeneur solitaire. Assise en retrait, Marie essaie, non sans difficulté, de reprendre ses esprits devant un tel paysage. Elle laisse glisser le sable chaud entre ses orteils, curieusement fascinée par ces millions de grains blonds ; ils coulent sur ses ongles, témoins de petites roches millénaires qui perdurent, comme de fines particules de lumière.

Elle voit émerger du firmament des couleurs par strates indéfinies : des bruns profonds, entremêlés d'ocres chatoyants, de jaunes soutenus, recoupés ici et là par des roses transparents et lumineux. Elle aperçoit sur la côte des rochers gris, presque noirs, qui contrastent avec cette gamme de couleurs désordonnées et le blanc ouateux des nuages ; quelques touches de vert sur le littoral s'ajoutent au tableau. Ce panorama la réconforte après sa tumultueuse nuit. Elle frôle presque l'harmonie. Marie est transportée par des sentiments de force, d'authenticité et de paix. L'infiniment petit devant l'infiniment grand. Cette nature est le début, mais aussi la fin. Et ce sont les questions qui reviennnent.

Marie est dans le flou : trop d'entre elles sont en suspens. Que représente Alexandre pour elle ? Elle s'obstine à le choisir, alors qu'ils sont à ce point incompatibles. Elle a connu la passion, mais ignore si elle la connaîtra avec lui. Est-ce qu'un amour est toujours passion ? Il y a d'autres amours, elle le sait. Tout en effeuillant une marguerite – un peu, beaucoup, passionnément –, elle se demande quelle est la part de l'héritage de son père dans ses pensées aussi contradictoires. Tout pourrait basculer et l'aspirer, en vient-elle à croire.

Elle s'est endormie sur la grève, la fin de l'après-midi la surprend. Le vent a balayé les nuages et défait ces figures composées. Seuls les cris des oiseaux occupent maintenant tout l'espace. Ses moments préférés ont toujours été à la toute fin de l'après-midi, quand le soleil enveloppe d'une chaude lumière dorée l'atmosphère silencieuse. L'heure magique, celle qui suit la grande fatigue d'une journée bien remplie, quand on a un peu froid et qu'on s'emmitoufle d'une « petite laine ». L'heure où on s'autorise à la farniente, devant un feu bien embrasé, dégustant le bon vin qui délie les langues sur les confidences. Elle se ressaisit subitement, réalise qu'elle n'a pas d'hébergement pour la nuit qui vient: elle doit en trouver un !

Reprenant vaillamment le volant, Marie descend vers le sud. Elle longe encore le littoral, et ce, durant une bonne demi-heure. Elle n'est pas au bout de ses peines: rien, rien, peine perdue, il n'y a rien à l'horizon, aucun hôtel, motel ou gîte en vue. Elle le savait pourtant. Enfin, elle rebrousse chemin et s'engage dans la direction opposée à la mer, persuadée qu'il y aura bien un village quelconque à l'intérieur des terres. Elle tourne en rond et se retrouve au point de départ. Forcée de se rendre à l'évidence, de se résigner – il est tard –, elle n'a d'autre choix que de retourner chez Jeanne. Se persuadant que le ridicule ne tue pas, elle s'achemine à contrecœur vers l'Oasis.

C'est comme si Jeanne avait prévu la chose. Marie reste déconfite par son regard arrogant, où elle détecte aussi la souffrance. Elle lui dit simplement:

— Je vous attendais. Eh bien, vous n'aurez qu'à reprendre votre chambre. Vous avez fait bonne promenade ?

Sur le point de demander d'être logée ailleurs, elle entend des voix connues.

— Vous n'êtes pas la seule dans votre mésaventure, vos voisins d'hier sont revenus eux aussi. Ils sont à la salle à manger.

Marie n'a pas l'audace de commenter. Elle prend simplement la clé des mains de Jeanne, lui redonne son passeport et gagne l'escalier menant à sa chambre.

— Je ne mangerai pas ce soir, Jeanne. Je suis vannée.

— Vous avez abusé du soleil, vous êtes rouge comme un homard !

— Un peu, oui, j'ai somnolé sur la grève, sans me couvrir et sans protection.

— Le soleil fait encore des ravages, même en fin de journée.

Marie perçoit tout en bas les rires diffus de ses deux comparses de la veille. Ils avaient pourtant dit qu'ils quittaient l'auberge. À peine jetée sur le lit, elle entend Jeanne qui frappe à la porte pour lui offrir un sandwich :

— Quand l'estomac criera, en soirée peut-être ?

Dans la chambre, trois crucifix identiques surmontent une commode en bois de cerisier. Un serait bien suffisant. Marie ouvre un tiroir avec mille et une précautions. Y découvre une bible et une petite assiette de porcelaine rose contenant quatre dés ! Elle retourne à son lit, décidée à dormir, mais se relève et ramène sur la table de chevet les quatre dés. C'est fou, mais elle ne cesse de répéter : « Où est-il passé, ce dé, ils sont toujours par groupe de cinq. » Il a dû rouler un peu plus loin. Elle s'appuie sur l'avant-bras et regarde sous la chaise à la recherche du cinquième. Elle déplace lentement la couette pour chercher sous le lit. Rien, non plus ! Faire un petit yen solitaire aurait meublé le temps avant de s'endormir. Décidément, cette auberge ne porte pas chance. Mais ce soir, elle n'a plus peur.

Malgré elle, tout doucement, Marie s'assoupit. Dans la pénombre, les dés se regroupent et forment un spectre. La grisaille du bas-relief de la commode accentue la singularité de la chambre. Oh non, elle n'a pas peur ! Tout au loin, les femmes de la rizière avancent deux par deux. Leurs yeux en amandes ouvrent une marche funèbre. Jeanne est parmi elles. Elle quitte le groupe, s'arrête sur le quai, c'est jour de marché. Marie la suit. Au kiosque des épices, Jeanne prend une pause, petit coupon à la main gauche, plaçant l'autre main sur la bouche, ses yeux contrariés, bridés eux aussi, fixent Marie avec un je ne sais quoi de réprobateur. Puis, Jeanne disparaît : comme tout semble normal !

Marie se réveille, elle entend des pas sur le gravier et accourt à la fenêtre. De là, elle aperçoit la silhouette diffuse d'un homme remontant le chemin d'accès à l'Oasis. Elle perçoit des chants liturgiques le long des murs latéraux. Déterminée à ne pas se laisser gagner à nouveau par l'angoisse, elle ira voir ce qu'il en est.

Rien ne l'arrête, elle se rend jusqu'aux sons entendus. Ne trouvant personne au rez-de-chaussée, elle se dirige au sous-sol. Plus elle approche, plus les chants s'accentuent. Elle peut maintenant distinguer des voix, elle trouve l'endroit d'où elles proviennent, sonde la porte, elle est verrouillée. Marie explore les autres accès possibles. Tout est scellé, calfeutré. Marie scrute d'autres espaces qui se présentent, à la recherche d'une entrée, d'une ouverture quelconque dans laquelle elle pourrait s'introduire. De tous bords tous côtés, elle ne trouve rien. Sur le point de démissionner et de rebrousser chemin, elle aperçoit une menue armoire à balais entrouverte. Étonnée, elle y découvre une petite sortie dissimulée tout au fond ; elle s'y introduit doucement, puis glisse à l'extérieur sans faire de bruit. Une pâle lumière éclaire un espace serré, un mince corridor, en fait, avec coffrage de deux pieds de largeur de chaque côté, qui semble ceinturer le bâtiment tout entier. L'évocation de cet endroit la glace.

Assise sur le remblai de béton, elle retient sa respiration, souhaitant que ses battements de cœur ne résonnent pas plus fort. Simplement, que celui-ci se calme, surtout qu'il se maintienne dans sa poitrine.

Marie avance en rampant dans ce déambulatoire de fortune, trop petit pour y être à l'aise. Le lieu est complètement délabré et humide. Des fenêtres aveugles aux vitres givrées, mais fragmentées et disloquées par endroits, laissent entrevoir une dizaine de personnes rassemblées et couvertes de façon uniforme. Une grosse porte de boucher en métal donne sur l'arrière-cour. C'est sans doute par là qu'ils sont entrés. Ces personnes psalmodient une complainte, se prêtant à un cérémonial singulier. Une messe noire ! L'une d'entre elles relève la tête, se tourne vers les carreaux délavés et la regarde droit dans les yeux : Jeanne, sous une large chasuble, épie de ses yeux inquiets. Décontenancée par cette vision, Marie se résout à rebrousser chemin. L'envol d'une chauve-souris affolée, se frayant un chemin parmi les toiles d'araignées, la fige sur place. Sans bruit, elle quitte l'endroit et retourne par le même chemin. D'un pas mesuré, elle gravit lentement les marches de l'escalier menant à sa chambre, se cramponnant à la rampe de peur de s'évanouir. Le souvenir des yeux de Jeanne la hante. Ce sont des yeux de prédateur, comparables à ceux qui ramènent Marie parfois à des temps anciens.

Au matin, Marie plie bagage et file, elle se sauve sur l'île. Juste avant de quitter les lieux, Jeanne lui dit simplement :

— Vous savez, nous nous connaissons, vous et moi. Vous avez été sur ma route dans d'autres lieux, dans d'autres circonstances. Je vous ai reconnue, vous étiez une jeune adolescente à l'époque.

Au temps de l'orphelinat, cette femme a brisé le cœur de Marie, alors qu'elle n'était qu'une enfant ! Sœur *Notre-Dame-de-la-Souffrance* ! C'est bien elle, avec quelques années de plus, la cornette en moins. Marie l'imagine toujours dans ses habits bruns, sous sa robe de bure. Elle est maintenant à deux pas d'elle, moins démoniaque dans le regard, mais sans doute aussi perfide qu'autrefois. L'appréhension et l'angoisse de Marie étaient justifiées, elle sentait bien le malaise sur son chemin.

Un silence lourd s'installe entre Jeanne et elle. Transie, Marie ne répond rien, elle est ramenée trop loin derrière. Sœur Sainte-Souf gérant les trois salles d'eau avec un soin qui n'avait d'égal que son intérêt. « Penche un peu en avant, je vais te savonner le dos. » Mais le dos se prolongeait aux épaules, aux bras et aux seins. Marie, troublée, l'était d'autant plus que la religieuse assistait à sa sortie du bain, la sommant de le faire devant elle.

Incapable de faire de lien avec la présence de Sainte-Souf dans cette auberge – pure coïncidence ou non –, stupéfiée, Marie saisit son passeport et quitte l'Oasis à l'épouvante.

# 19
# Sir Gallager

Sur le bateau, Marie se dirige à l'intérieur vers un endroit exigu identifié officiellement de salle d'attente. Une chaleur infernale alourdit la pièce et une odeur de fragrance bon marché empuantit les lieux. Éternuant comme une perdue, elle fouille machinalement dans son sac à la recherche d'un papier mouchoir. Il lui semble bien y avoir là un petit paquet tout neuf, elle a pourtant vérifié avant de partir. Elle ne le trouve pas ; c'est du connu pour elle, chaque fois, c'est la même chose, il s'est envolé. Quelqu'un de plus mal pris qu'elle, une vieille dame asthmatique, tousse à rendre l'âme, quémandant une fenêtre qu'on voudrait bien ouvrir. Elle étouffe, la pauvre. La coupable, une femme un peu trop peinturlurée, agite ses bracelets ; son parfum empoisonne l'air ambiant. « A-t-on idée de s'asperger de cette façon à cette heure de la journée ? » Nullement affectée, pas le moins du monde mal à l'aise, elle se retourne vers la vieille dame à demi asphyxiée :

— Comme je vous comprends ! Ces salles d'attente !

Marie se lève, quitte l'endroit pour se rendre sur le pont. Appuyée au bastingage, elle hume l'air du large, de l'oxygène pour combattre les effluves qui empestent encore ses vêtements. Un homme s'approche et s'accoude à son tour. « Ma parole, je ne me trompe pas, c'est celui qui remontait l'allée d'accès de l'auberge chez Jeanne, hier soir. » Marie refuse de céder à des excès de suspicion, encore traumatisée par ses deux dernières nuits. Revoir cet homme, sur le même bateau qu'elle, la trouble. Pourtant, lui semble tout à fait serein, à mille lieues des angoisses de Marie. Ravi, il retrouve avec enthousiasme des connaissances. Son regard erre entre Marie et le sillage du bateau. Il se penche fréquemment au-dessus de la rambarde. A-t-il un lien avec ce qui s'est passé chez Jeanne ? L'a-t-il vue observer la cérémonie de la secte ? Elle se convainc qu'il s'agit là d'une quelconque ressemblance, qu'il n'a rien à voir avec l'Oasis ; elle ne fait ni une ni deux, feignant de ne pas le reconnaître. Elle observe calmement les passagers, se disant que chacun d'eux a sa propre histoire, et qu'on ne soupçonne pas les drames qui les habitent. Elle, elle a la sienne camouflée sous un présent où ses propres états d'âme se travestissent en questions irrésolues qui empoisonnent et compromettent son bonheur. Se disant encore et encore qu'elle doit dénouer les servitudes qui entravent sa vie. Si elle veut qu'un avenir serein se présente, elle doit le faire !

Occultant cet inconfort, Marie ne doit pas perdre de vue les raisons qui ont motivé sa venue sur l'île. Elle a vite fait de se convaincre que ce n'est pas le promeneur de l'Oasis, qu'il s'agit d'une méprise, ou si c'est lui, qu'il est là tout à fait par hasard. Pour amoindrir ses doutes, elle range ses présomptions pour se concentrer sur la traversée. L'homme pose alors sur elle un regard insistant, soulève son chapeau pour la saluer et esquisse un sourire. Enfin, il s'approche et lui adresse des salutations de convenance, ajoutant quelques mots auxquels elle prête peu d'attention. Des phrases banales sur le tangage du traversier, la vigueur du courant. Son monologue ne trouve pas écho, trop de mots pour rien ! Revenant à la charge avec plus d'insistance, il tend la main à Marie finalement. Avec une petite révérence :

— Vous permettez que je me présente, sir Gallager.

Même s'il vit à l'extérieur de la région à une distance appréciable, son interlocuteur dit venir fréquemment à l'île du Levant. « Paradisiaque ! », s'exclame-t-il. Marie prête un intérêt mitigé mais poli à son propos. En douce, elle s'éloigne discrètement, tout en jetant un regard furtif dans sa direction. À n'en pas douter, il la suit. Vaguement agacée, souhaitant qu'il comprenne son inconfort, elle change de bastingage et fixe le large. Cela ne semble pas le déranger le moindrement, elle se rend bien compte que subrepticement, sir Gallager se rapproche. Ils jouent au chat et à la souris. Marie se déplace à nouveau en douce. Mais elle constate qu'il ne saisit pas son agacement ou, si c'est le cas, il est trop tenace pour ne pas avoir des intentions bien arrêtées. Elle le revoit à l'Oasis, la veille, elle entend toujours le frottement de ses chaussures sur les cailloux. Allez savoir. Chercherait-il à lui en parler, à expliquer ce qui s'est passé hier soir ?

Les deux dernières nuits refont surface bien malgré elle : tout son temps d'orphelinat ramené en la personne de Jeanne. Tentée de faire d'inquiétants rapprochements, Marie hésite à aborder le sujet avec l'inconnu, se disant tout de même qu'une conversation avec ce singulier personnage pourrait l'éclairer. Comment faire ?

Sir Gallager revient encore à ses racines, à ses origines, il en remet, convaincu de l'à-propos de sa conversation. Pour sa part, elle se contente de vagues signes de tête appréciateurs. Indiquant l'île d'un geste solennel, il la dépeint de long en large, sa beauté, ses paysages, la richesse des pâturages et le pittoresque des côtes. Il affirme en connaître toutes les facettes. Son exubérance pour l'impétuosité des ciels de mer, pour la virulence des tempêtes impromptues entre l'île et la terre ferme, devient contagieuse. Marie se surprend à être captivée par la description de ces tableaux.

— Le meilleur temps de l'année est l'automne. Les touristes sont repartis ; les vacances achevées, ils délaissent la mer. Vous savez, c'est surtout à ce moment-là que l'île regagne toute sa candeur et sa magnificence.

Alors Marie, choisissant de se prêter à la conversation, le relance.

— Que fait la population locale ? Les occasions de travail ne doivent pas être nombreuses ?

— Oh pour sûr, elle s'expatrie ! C'est la réalité de tous les petits villages éloignés des grands centres, non ? C'est encore plus vrai ici, sur l'île. On n'y échappe pas vu son peu d'importance.

— Vous semblez nostalgique, regrettez-vous votre décision de l'avoir quittée ?

— Moi, j'ai toujours une maison ici, quoi qu'il en soit. Si je regrette ? J'agis toujours de façon à ne jamais rien regretter et à prendre le meilleur de toute situation.

Indépendant de fortune, il explique qu'il a eu, lui, le choix et les moyens d'agir autrement. D'une suffisance inouïe, il ajoute :

— Vous savez, on se donne la vie qu'on veut avoir. Moi, la misère, très peu pour moi.

— Vous croyez sincèrement ce que vous dites ? Je pense, au contraire, qu'il est difficile d'échapper à une condition de pauvreté générationnelle.

— Parce que la population le veut bien.

Ses manières empesées, enveloppées dans un discours recherché, invitent Marie à une foule d'hypothèses, provoquant chez elle des sentiments ambigus. Cet homme a une telle opinion de lui-même ! Bien que ses commentaires irritent Marie, il a indéniablement de la prestance. Il la regarde droit dans les yeux :

— Pourquoi venez-vous à l'île du Levant ? Ce n'est pas pour la cloche ? C'est pour autre chose, n'est-ce pas ?

— La cloche ? Je suis intriguée, voulez-vous bien m'expliquer ce qu'il en retourne.

— Oui, oui, la cloche ! Elle était en voyage depuis quatre ans. Comment dire ? Pour se refaire une beauté, quoi !

— Pour se refaire une beauté ? Vous voulez dire qu'elle a été restaurée ?

— Entre autres, mais pas seulement pour ça. Vous connaissez les programmes de jumelage avec une ville française ? Par exemple Bordeaux – Québec ? Notre cloche a traversé en France : l'île du Levant a été jumelée à une ville-hôte. Les habitants d'ici puisent leurs origines en grande partie de cet endroit. Et là, elle nous revient ! De grandes festivités soulignent son retour.

— Non, je ne suis pas ici pour la cloche. En fait, je viens ici avant tout pour retrouver quelqu'un. J'ai quelques recherches à concrétiser. Les îles m'envoûtent en général pour ce petit côté authentique tout à fait spécial, comme figé dans le temps.

— Vous avez raison, pour être spécial, l'insulaire, il l'est. Vous allez vite le découvrir par vous-même. Moi, je les connais, les gens, les familles d'ici ont leurs habitudes, leurs coutumes, leurs marottes. Hé bien, c'est une sorte de retraite fermée ?

— On peut dire ça. Oui, en quelque sorte, on peut dire ça !

Il a sans doute connu la famille de son père et, qui sait, peut-être même celui-ci. C'est pourquoi elle veut amener sir Gallager sur son terrain de recherche. Pour le moment, Marie se fait prudente. De manière un peu malicieuse elle se risque :

— C'est sans doute captivant, les cloches. C'est un sujet sur lequel je ne me suis jamais arrêtée. Moi, ce sont les cimetières qui m'attirent. J'aime les cimetières. C'est bizarre, vous allez dire, mais ils nous parlent, ils nous renseignent beaucoup sur les gens, et en définitive sur nous-mêmes, sur les vraies questions à se poser.

— Eh oui, je pense comme vous, ils sont l'histoire par définition. Eh bien, vous réaliserez d'une pierre deux coups, l'église du village est attenante au cimetière. Des gens viendront de partout retracer leurs origines, leurs ancêtres. Inévitablement, vous les verrez au cimetière, paisibles, parmi d'autres encore plus paisibles.

C'est l'explosion. Il rit à gorge déployée et sort sa montre de sa poche, décidément, c'est une manie !

— Mais vous savez, ça n'a pas toujours été comme ça. Il fut une période où il y avait de l'activité sur l'île. En fait, l'île du Levant est une presqu'île, disons que l'homme en a fait une presqu'île. Et au début du siècle, elle était très florissante. De gros commerçants négociaient des affaires d'or avec la terre ferme, la raison de toutes ces maisons luxueuses. Croyez-le ou non, il y avait même des trains qui reliaient la terre ferme : de marchandises, certes, mais aussi de voyageurs.

Il réfléchit et, sur une nouvelle montée d'enthousiasme, recommence son discours sur la restauration. Aussitôt, il est relancé ; il y tient à sa cloche.

— Elle sera remise à sa place, enfin ! Vous savez, il y a des lunes que nous l'attendons.

— Toute petite, j'aimais bien écouter les concerts de cloches.

— Vous voyez, vous aussi. Nous ne sommes pas si éloignés dans nos champs d'intérêt. Ça ne m'étonne pas. Lorsque je vous ai vue mettre le pied sur la passerelle, je me suis dit : « Cette petite… » Mais revenons au cimetière, puisque, vous, c'est à lui que vous tenez. Vous y cherchez quelque chose de spécial ?

— À vrai dire, je me questionne sur la famille de mon père. Je sais qu'elle a habité l'île. Ils l'ont quittée par la suite. Certains sont revenus.

Marie élabore un peu plus sur sa famille. Elle a l'impression que le nom de son père le rend mal à l'aise : il élude la question. Il se contente d'énumérer les grandes familles inscrites sur les mausolées, pour finalement ajouter :

— Oui, ça me dit quelque chose. Il faut voir et pousser plus loin, ma petite demoiselle. Oui, peut-être au cimetière, ou au registre ?

— Avant de se quitter, sir Gallager, je vous ai entrevu à l'Oasis hier soir. Dites-moi, croyez-vous que Jeanne pourrait m'aider ?

Il pâlit comme s'il avait perdu l'usage de la parole.

— Votre père était un chic type. Pas commode, original, j'en conviens, mais un chic type, un être exceptionnel.

# 20
# Ce qui l'attend

Sous un soleil de plomb, Marie pose pied sur l'île du Levant. Le quai fourmille de gens de tout acabit. Ils sont au rendez-vous, enthousiasmés d'accueillir un proche, un ami, ou simplement de souhaiter la bienvenue aux visiteurs dont elle est. Accolades, embrassades et poignées de main s'échangent. Elle est si fascinée par ce chaleureux accueil qu'elle a la distraction de ne pas dire au revoir à son intrigant compagnon de voyage. À la sortie de la passerelle, elle l'aperçoit se diriger sur une petite voie d'évitement tout près et s'engouffrer dans une voiture. Quelques instants plus tard, un chauffeur en livrée en descend pour venir à la rencontre de Marie et la solliciter poliment :

— Monsieur me charge de vous demander si nous pouvons vous déposer quelque part. Monsieur a dit : « Au cimetière peut-être ? »

Décelant un brin d'ironie derrière l'invitation, elle lui envoie la main gentiment en guise de remerciement, non pas sans regret, elle l'avoue, de n'avoir su pousser plus loin ses interrogations.

— Pas la peine ! Remerciez-le de ma part, pour le moment, je vais m'attarder un peu sur le port, question de m'imprégner de l'atmosphère. Je monterai au cimetière par la suite, la marche me sera bénéfique.

Sir Gallager ressent-il le besoin d'aller plus avant sur leur dernier entretien ? En bon gentleman, il sort de la voiture à son tour et, soulevant son chapeau galamment, dit :

— Nous nous croiserons sûrement sur l'île. En passant, vous ne vous êtes pas trompée, j'étais bien à l'Oasis hier soir. Mais rassurez-vous, notre rencontre d'aujourd'hui est une pure coïncidence. Elle n'a rien à voir. Poursuivez vos recherches avec sérénité, je ne vous traque pas le moins du monde, et surtout, trouvez réponse à vos questions.

— Vous ne pouvez vous imaginer comme vos souhaits tombent à point, sir. Je viens effectivement ici dans un but précis, et je souhaite bien trouver réponse à ce que je cherche.

— Autre chose avant de vous quitter, j'ai déjà croisé votre père à l'Oasis : nous y venions pour la même chose. Mais ne retournez pas chez Jeanne, elle ne vous sera d'aucun secours.

Il s'éloigne avec une élégance similaire à celle de son père. Il aurait à peu près son âge, une cinquantaine d'années, un visage auréolé de cheveux gris. Elle le salue à nouveau. À l'horizon, la voiture de sir Gallager n'est plus maintenant qu'un petit point lorsque Marie cesse d'agiter la main. Comme tous ceux avec qui elle tente d'aborder le sujet de son père, il a écarté finement la question.

Le traversier reparti, Marie se retire elle aussi de la fête pendant que tout un chacun se disperse. Les insulaires reprennent leur vie discrète jusqu'à l'arrivée du prochain bateau. Le calme revenu, Marie observe avec application le contour de la côte, l'emplacement du village et la disposition des maisons, vastes et bourgeoises pour la majorité, côté sud. Sur le promontoire, un manoir somptueux surplombe la falaise. Coins et recoins dessinent des saillies çà et là. D'autres demeures, toutes aussi extravagantes, se disséminent le long de la côte. Elles appartiennent assurément à des personnes bien nées. Son voyageur habite probablement l'une d'elles, il dit posséder une maison de famille.

Au pied des rochers s'étirent à perte de vue des marais couverts de fleurs sauvages. Une trentaine de moutons potelés paissent, insouciants, en retrait de l'eau sur la grève. Tout à côté repose un charmant village presque désert. Les habitants ne sont pas encore revenus de leur tournée au débarcadère. Enfin, Marie prend la route nonchalamment, cherchant tant bien que mal à se protéger des rayons torrides à cette heure.

L'objectif premier de sa traversée est perceptible. Elle monte tout là-haut, là où le cimetière et ses disparus l'attendent. Vaste et imposant, il déborde la première corniche et s'étire jusqu'à la mer. Ombragé par des arbres de haute taille, formé de deux parties quasi symétriques séparées par une spacieuse allée centrale, il abrite de nombreux caveaux de famille. Çà et là, des dédicaces gravées sur de petites appliques fixées à des bancs décrépits rappellent à leur façon la mémoire d'êtres chers. L'une d'elles retient son attention : « *Notre mère venait méditer sur ce chemin dès les premiers bourgeons du printemps jusqu'aux dernières gelées de l'automne. Que Dieu la reçoive en son paradis.* » Elle sourit à tant de grâce. La grande quantité de monuments funéraires témoigne du nombre impressionnant de villageois à avoir habité cette île en des temps ancestraux. À travers ces mausolées fleuris, il y a celui de son père. Du moins, Marie espère de tout cœur le retrouver parmi eux.

L'accès principal mène à une minuscule chapelle, débouchant tout au fond sur une place couverte. Un épais tapis de feuilles décomposées jonche le sol. Dans une section en retrait, Marie retrouve des stèles toutes identiques. Intrigant. Elles s'alignent les unes à côté des autres et, sous chacune d'elles, elle peut lire dix à douze prénoms s'aboutant au même nom de famille. Elle cherche à comprendre pourquoi des familles entières se retrouvent ainsi rassemblées sous la même épitaphe : de bébé Janson à arrière-grand-père Janson, 1703 – 1838 ; de Cynthia McCartney à James McCartney, 1702 – 1863… Un fossoyeur à l'ouvrage lui explique qu'il s'agit d'un cimetière déménagé, où on a regroupé les ossements sous le même patronyme.

La vie s'est arrêtée, tant au-dessous qu'au-dessus de ces dalles blanches. La chaleur cuisante polit leur relief satiné. Le souvenir des anciens s'est effrité peu à peu. Les proches ont oublié les leurs : plus de témoins, plus de sanglots. Seulement des emplacements impeccables entretenus de fleurs par la communauté, par la mémoire collective. Sans doute que c'est à ce moment qu'on meurt vraiment, lorsqu'il n'y a plus personne pour se souvenir.

Après avoir méthodiquement quadrillé les trois quarts du cimetière, Marie s'arrête devant un haut tombeau maculé de taches brunâtres par les intempéries. Elle vient de trouver. Sur la pierre sont inscrits les noms de la mère, du père, de deux frères et d'une sœur de son père. Mais il n'y a pas trace de la sépulture du petit dernier, son père, il n'est pas là ! Mais alors, où est-il ? Se pourrait-il qu'il y soit, mais qu'on l'ait seulement oublié, puisqu'il n'y avait plus personne pour se souvenir ?

Elle traverse le cimetière au complet pour découvrir, à l'écart, une petite gare désaffectée. Deux vieux lampadaires à gaz portent le flambeau du passé. Un train corrodé est là, silencieux ; un autre, brimbalant et rouillé, sert d'entrepôt d'objets hétéroclites. Sur une voie de desserte, un troisième, abandonné, rongé lui aussi, envahi de mauvaises herbes, attend le démembrement pour la ferraille. Ces trains ne serviront plus jamais, ils demeureront prisonniers d'un temps révolu. À l'ouest, une sortie où sont empilés des rails corrodés bloque le passage. Un plan archaïque, affiché sur la devanture, démontre que l'île a été florissante à une époque de son développement. Une jetée aménagée jusqu'à la terre ferme en avait fait une presqu'île, comme a fait allusion sir Gallager : il y a eu jadis des trains qui traversaient du minerai de cuivre, minerai qui a fait la fortune de l'île du Levant, où se transigeaient des affaires d'or.

Marie s'assoit sur un banc et scrute le faîte de la bâtisse élimée, vestige pompeux témoignant de cette période glorieuse. Des murs défraîchis, un sol recouvert de carreaux moisissant sous l'humidité, jalonnent ce parcours. Quatre horloges sur chacun des frontons tiennent toujours le temps. Sur chacune la même heure, sur chacune les mêmes minutes s'égrènent. Derrière elles, un vieux chêne monte la garde. La prestance de cet arbre, presque arrogante, amplifie la scène. Un bruissement de feuilles, et Marie se surprend à attendre le train annonciateur de vie qui ne viendra pourtant jamais. Déroutée, elle ne sait plus quoi penser. Elle refuse d'aller plus loin, de réfléchir plus avant. Perdue, elle erre ici et là, essayant tant bien que mal de remettre ses idées en place. Elle glisse dangereusement vers l'abattement total. Apathique, elle doit mettre un holà, se donner un temps d'arrêt, faire de l'ordre, le vide dans sa tête.

Toutes les gares se ressemblent. Récentes ou anciennes, elles paraissent du même âge. Habitées par des histoires similaires, elles portent à la mélancolie. Celle où Marie se trouve lui procure la même émotion. Celle-ci la renvoie dans un ailleurs, dans un autre temps. Quelque part dans une petite gare de son enfance où elle a attendu tant de fois en vain le retour de son père – pourtant il promettait. Et aujourd'hui, dans cette station détruite, étrangement, elle attend encore. Elle regarde avec intérêt ce qui s'y passe, et se souvient d'il y a de ça très très longtemps.

Ce jour-là, un bruit sourd l'avait attirée. Un premier train s'éloignait dans le petit matin. Il avait à sa suite le rythme soporifique des wagons qui s'entrechoquaient. Puis, plus rien. La pluie frappait la cage de verre du préposé à la billetterie. Longtemps Marie était demeurée obnubilée par la nuée de vapeur qui couvrait la voie désertée. Des formes à peine perceptibles s'évanouissaient dans l'obscurité déclinante. Les premières lueurs de l'aube caressaient le paysage, amenant avec elles des questionnements qui avaient laissé Marie cafardeuse, incapable de mettre de l'ordre dans ses idées.

D'autres trains venaient, de plus en plus rapprochés, annonçant l'achalandage de l'heure de pointe. Une voix monocorde avait indiqué de changer de rampe, le train se présenterait à un quai différent. Les voyageurs traînaient leurs bagages en maugréant. Machinalement, la cohue s'était remise en branle, elle allait vers un endroit précis lutter pour sa survie. Puis, les convois s'étaient espacés. Ils reprendraient leur rythme cadencé au soir venu. Entre ces deux temps, des voyageurs solitaires, des hésitations, des peut-être, des pourquoi, des absences et des abandons nourrissaient la ronde des pas perdus.

Marie revoit cette inconnue qui marchait de long en large sur le quai. Elle monologuait, se faisant la leçon. Cette femme pleurait et scrutait tour à tour l'horloge et le tableau lumineux où s'affichaient des destinations séduisantes. Elle s'était retournée à nouveau vers l'horloge sur l'autre face. Il y en avait quatre, tout comme ici à la gare de l'île du Levant. Quatre qui inscrivaient toutes la même heure. Leurs regards s'étaient croisés. Un grincement de freins l'avait saisie, la femme devait agir. Elle avait fixé à nouveau le tableau, une destination clignotait. Toutes les autres vacillaient et s'amenuisaient, puis s'éteignaient un instant. Elle semblait tenir maintenant la solution. Elle avait regardé Marie à nouveau, puis avait souri, soulevé sa valise et elle était disparue.

Où allait-elle ? Reviendrait-elle sur ses pas ? S'agissait-il d'un recommencement ? Cette femme était libre de choisir. Marie se souvient de s'être longuement questionnée sur ce qui lui adviendrait. Elle entendait le grondement de la locomotive qu'on venait de mettre en branle. Marie avait couru derrière la femme, mais le train prenait du rythme. Il quittait la gare lentement, prenait de la vitesse. Marie avait continué de courir comme une déchaînée, mais elle n'avait réussi qu'à frôler le dernier wagon. Elle avait atteint la fin du quai en nage, regardant, impuissante, le train accélérer, puis disparaître à l'horizon.

De retour les pieds sur terre, toujours assise sur un banc de l'île du Levant, mettant de côté les réminiscences du passé, Marie constate que le ciel se fait maintenant menaçant, il change à la vitesse de l'éclair, comme sur toute île qui se respecte, à la façon des ciels anglais dont Turner a constitué une œuvre complète. Il y aura bien une accalmie, cependant, la pluie semble vouloir récidiver. Ce n'est encore qu'une bruine changeante, mais l'après-midi aura finalement été à la tristesse, alors qu'il faisait un temps splendide le matin. Il est séduisant pour Marie de repartir dans le passé, pour se souvenir. Mais que cherche-t-elle constamment à se rappeler au juste ?

Un chien vadrouillait à ses pieds, puis las de tourner en rond, était venu nonchalamment s'étendre sous son banc, en attente du prochain arrivage. Des voyageurs çà et là, certains impatients, comparaient compulsivement l'heure de l'horloge à celle de leur montre. Ils se dirigeaient, nerveux, vers le tableau des arrivées-départs, lequel restait plus souvent figé. Puis, ils se levaient pour scruter l'horizon, le bout de la rame, de gauche à droite, de droite à gauche. Le train qui s'arrêtait sur la rame devant eux n'était pas le bon, à nouveau ils reprenaient les cent pas. Ils ne voyaient pas Marie, elle n'était pas des leurs, elle n'allait nulle part, alors à quoi bon l'associer à leur quotidien ou à leurs pensées. Marie avait poussé la rigolade à se dire que s'ils l'ignoraient, peut-être était-elle fictive. Imperceptible ou pas, elle était néanmoins envoûtée par leurs allées et venues, elle voyait et n'était pas vue.

Tiens, voilà qu'elle se souvient tout à coup ce qu'elle cherchait à se rappeler. Ce jour-là, Marie attendait son père, seule sur le quai, enfin presque. Mais, comme à son habitude, elle soupçonnait qu'il ne se présenterait pas. Juste en face, il y avait un pub. Y était-il déjà entré sans qu'elle s'en aperçoive ? Le commerce se remplissait doucement : d'ici une heure ou deux, nombre d'arrivants y passeraient immanquablement pour décompresser, oublier la journée, retarder l'affrontement ou simplement fuir devant la nuit.

Les trains avaient repris leur cadence. Ils se vidaient à espaces réguliers. C'était le retour, la foule. Un bruit strident l'avait saisie : un bris de freins ! Une sirène s'était déclenchée. Un train s'était immobilisé sous le viaduc ouest, silencieux, toutes lumières éteintes. Quelques badauds s'agglutinaient sur la rambarde de la plate-forme, ils discutaient. Les mains se levaient, gesticulaient. Les bras s'abaissaient, on chuchotait, on murmurait : « C'était à prévoir. » Plus rien ne bougeait, on respectait un silence suffocant qui se mariait à la tourmente du ciel. Puis on avait balbutié, oh, à peine : « Quelqu'un s'est jeté sur les rails. » La rumeur s'était amplifiée, on parlait de suicide.

Des projections démentes avaient traversé la tête de Marie quand la rame de dix-huit heures avait repris sa course folle : et si c'était son père ? Ou encore la passagère qui scrutait l'horloge ? Si elle n'était pas montée ? Et si elle s'était faufilée sans qu'elle la voie ? Pourtant, c'était elle, bien elle qu'elle avait entrevue assise dans le dernier wagon, tête haute, déterminée à recommencer. « Aurait-elle rebroussé chemin à la dernière minute et choisi un autre départ, celui dont on ne revient jamais ? » Une femme d'un autre âge se trouvait près d'elle. Un châle retenu de la main gauche encadrait un visage blême aux nombreuses veines en saillie. De temps en temps, une main osseuse brandissait une canne, et une voix criarde maugréait des mots inaudibles. Elle n'avait pas de bagages. Elle, elle ne partirait pas. Elle avait baissé les bras depuis longtemps. Destinée à l'inertie, elle avait renoncé à sa liberté, demandant à d'autres de continuer à sa place.

À la une du lendemain : « Paralysie totale à l'île du Levant ». Un forcené, dans la trentaine, s'est jeté devant les rails vers 16 h 25. Il y a des départs moins heureux que d'autres. À travers divers choix, une forme d'interruption au-delà de la compréhension humaine. Mais ce n'était ni lui ni elle.

Des années, des années plus tard, Marie est là, au milieu de ses souvenirs, à attendre dans une gare désaffectée en bordure d'un cimetière. Les départs demeureront pour elle toujours teintés de gris. Ils la rattrapent, leurs raisons d'être l'obsèdent : la liberté, le recommencement. Qui laisse qui ? De ces choix, douloureux trop souvent, résulte une impression de piétinement, de surplace, de retour aux questions qui chamboulent le cours de l'existence. Des questions d'où émergent aussi des réponses d'une force nouvelle, un élan vers le futur.

Ce temps de réflexion lui a été salutaire pour reprendre ses esprits et bien camper son présent, pour se rappeler qu'à vouloir évoquer le passé ou le futur, le présent nous échappe. Bien malin qui veut nier qu'on était, qu'on sera, mais qu'avant tout, on est !

Sa main glisse subrepticement jusqu'à son sac de toile afin de mieux matérialiser cette évidence. Combien de temps s'est-il écoulé ? Marie est toujours en bordure du cimetière. Un grand duc prend son envol dans un froissement affolant. Elle sursaute : ni foule, ni va-et-vient de convois, ni place publique. La pluie a cessé complètement. Une brume monte sur l'agora et le soleil a repris sa place au firmament. Il a asséché ici et là les dernières barbotières. Des libellules insouciantes traversent devant elle. Graciles, elles allongent leur vol, lévitant habilement au-dessus des gouttes agglomérées. Ces patineuses athlétiques l'obsèdent. L'une d'elles se pose sur son espadrille. Translucide ! Elle pense curieusement à leur système digestif. Si le tout est la résultante de ses parties, elle aimerait disséquer leur intérieur diaphane, leur cerveau cristallin. Une fleur sauvage se balance sur sa tige délicate, jusqu'à l'attendrir par son ondulation insouciante.

Une flaque d'eau accueille un oiseau-mouche qui s'agite, infatigable, sur la surface, puis retourne, nerveux, aux hémérocalles, ne sachant quelle liqueur choisir. Le volatile repart à la quête d'autres nectars. Une abeille s'ingénie à virevolter autour d'un bosquet de lavande en fleurs. Quel coq-à-l'âne revivifiant ! Marie ressent une grande satisfaction. La chance lui sourit. La tête vide, c'est à son tour de lâcher prise et de sortir de la gare. Elle reprend le chemin du cimetière et croise une femme en pleurs tenant par la main un jeune enfant qui insiste pour se détacher et courir vers la vie. Le temps continue malgré elle.

Partir lui a été bénéfique, Marie retournera vers Alexandre, il l'attend. Elle a pris le temps de mesurer l'impact de sa décision, s'est égarée, même. Elle est responsable de ses choix, son père l'était des siens. Lui, il a fait volte-face, elle, elle fera autrement… « Il avait le mal de l'âme ! »

# 21
# Accepter de renaître

Marie a choisi, il est temps pour elle de rentrer maintenant. Les infructueuses recherches faites sur l'île pour retrouver son père prennent fin. Elles se sont effectuées dans une confusion inattendue ; pire, elle s'est retrouvée devant un passé troublant, dans l'incapacité d'établir de liens. Certes, ces recherches n'ont pas été complètement vaines. La vie, la mort, le temps qui passe se capitalisent. Mais Marie est tout de même à bout de souffle, dépitée, et toujours dans la grande noirceur. Pas de trace de son père sous la pierre tombale familiale alors que plusieurs membres de sa famille y sont, pas de mémoire laissée dans cette île perdue. Pourtant, aucun être humain ne peut naître, vivre, aimer et mourir sans laisser une marque de son passage. « Du moins le corps, lui, se trouve quelque part, il ne disparaît pas en fumée sans au moins une récupération des cendres par un valeureux éprouvé. » Et le passage sur terre alimente au moins des souvenirs chez quelques êtres aimés.

Marie se pose de sérieuses questions. Son père est-il vraiment mort ? C'est du moins ce que le clan lui a assuré. Pourtant, elle en est à se demander s'il n'y a pas une autre arnaque là-dessous. « Les oncles et tantes, grand-mère par-derrière, n'en seraient pas à leur première supercherie. Et de raconter à maman des histoires à dormir debout leur est chose connue. » À plus forte raison qu'il n'y a plus aucun témoin valable et crédible auprès de qui vérifier. Alors quoi de plus tentant que de servir à Marie une version retouchée pour clore ainsi une légende inachevée, pourquoi pas ?

Elle doit malheureusement s'avouer, faisant état bien humblement de ses piètres résultats, qu'elle a épuisé tous ses moyens et qu'elle est à bout de souffle. C'est toujours la même rengaine : tout un chacun lui a dit et dit encore ne pas savoir, l'exhortant à passer à autre chose, à tourner la page. Mais, elle est excédée par ce refrain. Elle ne peut plus entendre, elle est exaspérée, exténuée d'en être au même point. Ce dénouement a eu raison de sa ténacité, ses recherches doivent cesser. D'autant plus qu'elle appréhende de se retrouver encore, dans quelques années, plantée au coin d'une rue à scruter les visages des passants, à se demander si celui de son père ne serait pas un de ceux-là.

Marie revient après plusieurs semaines d'absence. Elle revient vers Alexandre. Il l'attend. Pour le moment, il est celui à qui elle veut confier son avenir, disposée à ce qu'ils se construisent une vie meilleure. À deux, ils y parviendront. Une chose est claire, si elle retourne vers lui, c'est pour, manifestement, s'engager pour la vie : devenir une épouse modèle, une compagne parfaite. Se jetant à corps perdu dans cette aventure de restauration, elle décide donc de l'aimer et de le rendre heureux. Comme elle ne veut pas qu'il en doute, elle gardera pour elle cet univers déroutant dans lequel elle piétine, notamment les recherches au sujet de son père, sa vie et la singulière réapparition de Jeanne, mais surtout, surtout, ses incertitudes quant à la viabilité de leur engagement. « Non ! Il ne saura rien du chemin parcouru. Il ne comprendrait pas. » Se persuadant qu'elle a risqué de passer à côté de l'homme qu'elle admire, Marie décide qu'elle doublera d'énergie pour l'aimer. Elle compte bien que ce ne soit pas une occasion ratée : où est-ce écrit que c'est Alexandre qui doit s'adapter au lieu d'elle, se convainc-t-elle. Une décision rationnelle, bien que quelque peu inquiétante.

Elle le retrouve avec grande émotion. Timide, elle a l'impression de rencontrer un autre homme. L'instant où elle aperçoit Alexandre, elle se met à pleurer. Il la prend dans ses bras, il s'est ennuyé :

— Tu ne sais pas à quel point j'ai pensé à toi : pas un instant tu n'as quitté mes pensées. Je t'aime, Marie, je ne peux plus me passer de toi.

— Nous ferons les efforts qu'il faut, je te le promets. Nous réussirons là où beaucoup d'autres n'y sont pas arrivés.

Mais au retour, plus rien n'est pareil. Cet espace n'est pas le sien, Marie ne s'y retrouve plus. Elle tente lentement de se reconnecter au quotidien. À défaut de quoi elle se persuade jour après jour qu'en allant de l'avant, leurs vies s'harmoniseront ; elle décide donc que sa propre compréhension des choses doit passer par Alexandre. Sa vie, les douleurs qui lui sont propres doivent éclairer les siennes et l'aider à mieux comprendre. La voie se dessinera d'elle-même, et ce sera possible de l'emprunter même si ce ne sera pas sans heurt. Elle doit cheminer avec lui, épouser son monde, un monde de règles toutes aussi contraignantes les unes que les autres. Un monde dans lequel elle sait d'avance qu'elle étouffera, oubliant qu'il en existe un autre de sensualité, acceptant difficilement que les préludes à l'amour ne dépassent jamais quelques minutes. Se souvenant qu'elle ne voulait pas être abandonnée, elle n'a qu'une porte de sortie, elle n'en trouve aucune autre : naviguer entre les balises d'Alexandre, réussir cet exploit. Du moins, essayer. Ce qu'elle fait avec acharnement.

Alexandre et Marie sont nouvellement unis pour le meilleur et pour le pire. Elle s'installe dans une relative aisance, considérant les décisions qu'elle a prises, et tente de maîtriser ses propres démons. Mais lui n'a pas le temps de se poser de questions. Il travaille trop, et sans répit. Ils se voient une heure ou deux par semaine, à des moments volés ici et là. Ainsi Marie connaît bien peu ce compagnon dont l'union vient d'être sacralisée par le mariage. Sa perception de la vie de couple est irréaliste, elle relève du roman. Qu'importe, elle apprendra bien au fur et à mesure. Ce qui l'anime, ce qui les anime mutuellement, c'est la volonté d'édifier une forteresse indéfectible. « Nous nous sommes choisis et cela suffit. » Ils n'y regardent pas de près. Ni l'un ni l'autre, pour l'instant, ne se préoccupe du lendemain. Ils vont de l'avant, persuadés de disposer ensemble de toutes les armes pour réussir là où leurs parents ont échoué, là où plus d'un s'est buté à un mur de désillusions. Ils n'ont que la complicité de la jeunesse en partage et l'espoir mutuel de reconstruire une vie qui, à ce jour, leur a échappé. Mais est-ce suffisant ? Est-ce ça, l'amour ?

Ce qui la faisait rire ne le fait plus, l'envoûtement diminue, lentement elle s'use à ce jeu, l'émotion d'alors a disparu. Les mêmes comportements qui suscitaient la tendresse l'épuisent et l'exaspèrent. Le pantalon à carreaux assorti au veston rayé ne l'amuse plus, il lui fout le cafard. La désinvolture caricaturale d'Alexandre la laisse de glace. Son prétendu charme l'horripile. L'attirance a disparu, elle s'est évaporée comme disparaît un coucher de soleil. Tout de même, une trace rose perdure derrière l'horizon, lui laissant entrevoir qu'il y a au-delà quelque chose qu'elle ne connaîtra jamais, du moins pas avec Alexandre. Elle réalise qu'elle a fait erreur sur la personne, qu'elle n'a pas misé sur la bonne carte ou pris le bon numéro. Avec le temps, elle se campe dans un état permanent de grogne et d'insatisfaction.

Il pleut sans relâche depuis des semaines. L'eau s'infiltre partout, même en elle, ce qui irrigue le chaos qui l'habite.

Chaque goutte retient la terre, la gonfle, se l'approprie et la féconde. Tels deux exilés, Marie et Alexandre cheminent, déconnectés. Les journées s'étiolent et elle court après la signification de leur raison d'être comme couple. Il y a ces questions irrésolues, bien sûr, et il y en a de nouvelles et il y en aura d'autres. Encore et encore, leur vie est ainsi faite. Un merle s'échine à scander leur bonheur en porte-à-faux du côté d'une chambre d'enfant encore vide. C'est peut-être là que se trouve la solution.

Le temps de comprendre qu'ils sont et demeureront des étrangers qui n'arriveront jamais à établir une relation significative, Marie se retrouve enceinte. Tel un filet d'espoir, cette effervescence annonce tout de même un affranchissement. Elle n'a pas eu l'enfance normale d'un foyer conforme, on lui a subtilisé ces années d'insouciance, mais elle, elle donnera la vie et ce qui va de pair à sa réussite. Un enfant compensera ces défaillances, Marie et Alexandre s'enfermeront dans un cocon imperméable.

La verdoyante saison laisse entrevoir ses richesses, les épinettes se balancent mollement, suffoquant sous la chaleur. Le raton-laveur cherche le jardin déserté, la buse s'enfuit à tire d'ailes. Marie se laisse porter par sa grossesse. Elle regarde sa taille s'épaissir, ses seins s'alourdir, son ventre s'arrondir. Elle se vautre dans une douce félicité. Mais dans la montagne hurle le loup qui guette la chèvre insouciante.

L'accouchement arrive. Sans prévenir, l'angoisse envahit Marie tel un raz-de-marée : déjà, il faut se séparer de cet être ardemment attendu. La crampe l'étreint. Pourquoi tant de douleurs comme prémices au bonheur ? Écorchée, dépossédée, elle divague, délire, ballotée entre le réel et l'irréel. Une lame de fond l'emporte, la pudeur l'a quittée, elle sombre, elle a mal, trop mal. Plus rien ne la retient ! La démence, la faucheuse, elle la voit, elle va mourir. Assez, assez d'acharnement, elle renonce, elle n'en peut plus ! Alexandre est absent, et même s'il y était, il n'y serait pas d'esprit, Marie est seule. Elle discerne sa propre voix, comme si elle appartenait à une autre : « Entendez-vous ? Venez me secourir, je ne veux plus ! » Mais le secours ne vient pas, seulement des recommandations connues d'être courageuse, de faire un dernier effort, de pousser, pousser, pousser pour y arriver. « C'est ça, c'est presque fini, c'est un non-retour. » Sans Alexandre, elle a affronté le plus grand événement de sa vie.

Voilà qu'elle est là, enfin, la délivrance ! Sur son ventre, un petit être repose nu. Il a persisté et gagné le combat. Des gouttes de sueur perlent aux tempes de Marie qui tambourinent. Elle la regarde, sa fille, celle qu'elle a abritée en elle des semaines et des semaines, celle qu'elle a nourrie de son sang, de ses forces, celle avec qui elle a respiré en symbiose et accordé son cœur au même rythme. Il est six heures du matin, l'heure des hésitations à entreprendre, à oser. Un moment suspendu entre la peur et l'extase, où un petit être partage sa victoire à délaisser le nid pour en établir un qui lui est propre.

Marie pleure, rit, brisée par une longue nuit d'efforts. Ses lèvres épuisées s'agitent pour tenter l'indicible. Tremblant, son corps exténué s'abandonne enfin. Lentement, sa main caresse la fragile tête humide. Est-ce possible ? Elle vient de donner la vie. Elle, elle est au fil d'arrivée. Elle oublie la ligne de départ, le chemin parcouru. Elle triomphe. C'est bien elle qui a fait ça ! « Comment ai-je su orchestrer un tel miracle ? » Doucement, avec minutie, elle glisse son index dans la petite main de sa fille qui enserre son doigt. Réflexe, ou pas ? Elle préfère croire qu'elle accepte que de grandes murailles s'écartent sur des milliers de tournesols en boutons, qu'elle permet à ce champ en attente d'être cultivé. Des bras la soulèvent, Marie s'oppose à sa première séparation.

Alexandre semble dépassé par la situation. Content, oui, mais il n'en peut plus, à ce qu'il dit. Que des phrases creuses pour la galerie, comme s'il s'agissait d'un événement qui concerne quelqu'un d'autre. L'individualiste endurci a pris le dessus. Encore une occasion manquée où ils auraient pu se rapprocher, du moins aborder cet aspect de sa personnalité : l'indifférence et les carences qui ternissent sa vie, et surtout les raisons qui y ont concouru. Non, il est reparti sans vraiment exprimer ce qu'il ressent, abandonnant Marie sur sa banquise.

Le calme est revenu sur l'étage de la maternité. Le corps et le cœur rompus, Marie cherche à récupérer ses forces. Surexcitée, la tête pleine d'images, elle a peine à les accoler les unes aux autres. Mais ont-ils trouvé le fil conducteur pour se rapprocher, Alexandre et elle ? Il le fallait. Elle a fait cet enfant pour donner un sens à ce couple qui n'existe pas.

Marie a dû dormir, elle se le reproche. Inquiète déjà, elle la retrouve pourtant là, tout près, dans un berceau de verre. On a coupé le lien. Il pendouille, flasque, sur la peau blessée. Ses yeux semblent venir à sa rencontre, ils s'arrêtent et la fixent, étonnés. On lui a attribué une identité. Déjà la distanciation couve sur l'émergence de vies autonomes, de futurs parallèles. Marie ferme les yeux, réalisant qu'elle pourrait partir maintenant. Sa fille est le maillon qui s'aboute à la merveilleuse chaîne de la vie qui perdure de femme en femme. Il lui appartient à elle de continuer et de refaire le même prodige. Pour le reste, il lui faudra attendre.

# Épilogue

Malgré ces années, Marie espère toujours le retour de son père. Elle a acquis une certaine sagesse et pourtant, dans certains moments de grand désarroi, elle reste la petite fille de neuf ans qui attend encore. Inconsciemment, elle lui reproche de n'avoir pas tenu sa promesse, de l'avoir bernée, de n'être pas revenu. « Faux jeton, tu avais pourtant promis. » Sans jamais s'être résignée, Marie le cherche en vain dans d'autres bras, résolue à ce que ce soit les siens.

Mais ces bras demeurent impuissants, Marie refuse qu'ils la retiennent ; viscéralement, elle retourne à ses vieux *patterns,* exhorte l'abandon sans cesse. Il lui vient souvent à l'idée qu'il arrivera quelque chose, elle pressent qu'il se passera un événement qui modifiera complètement le cours de son existence. Qu'en sera-t-il ? Pour le moment, ce envers quoi elle s'engage aboutit le plus souvent au vide. Mais ce quelque chose viendra, sans toutefois devoir se consumer sur le bûcher.

Enfin, Marie n'a jamais pu faire de lien précis entre son père et Jeanne, et ce qu'elle faisait dans ce coin de pays. Tout ce qu'elle en apprendra, c'est que sœur Sainte-Souf avait dû quitter la communauté, on l'y avait forcée. Elle se serait réfugiée dans une secte. Quel hasard l'avait placée sur la route de Marie ? Curieux tout de même, bien qu'on dise qu'il n'y a jamais de hasard.

Même si Marie met un terme à ses recherches quant à la destinée de son père, elle talonne tout de même sa mère pour qu'elle exige des preuves de sa mort, un certificat de décès à tout le moins. À son tour, elle pourchasse le clan. Ainsi, après plusieurs mois d'insistance infructueuse, sur le point de renoncer définitivement, se présente enfin une piste ! Excédé, oncle René sort de sa boîte de Pandore une lettre qu'il affirme avoir oublié, soi-disant, de remettre à sa mère. Cette lettre provient d'un hôpital de Montréal et annonce le décès de son père. Outre la date, sa fiche d'admission relate que Léopold a déclaré être marié, sans toutefois inscrire le nom de son épouse. Il y a donné comme adresse permanente une certaine maison de chambre de la rue Amherst. L'hôpital a contacté un copain d'infortune demeurant au même numéro de porte. Ce dernier dit avoir appris le nom de cette femme à la lecture des papiers de son père.

À première vue, l'hôpital Notre-Dame s'est contenté de ces piètres renseignements, sans fouiller plus loin dans le passé de son patient. Il conclut tout simplement que n'ayant aucune réponse quant aux volontés de la famille, Léopold est « placé en fosse commune, puisque personne ne s'est présenté à la morgue pour l'identifier. »

Cet oncle leur a délibérément caché cette lettre. Au désespoir, Marie hurle d'indignation. Personne n'aura été là pour lui tenir la main à ses derniers moments ! Son père a vécu dans une solitude extrême jusqu'à la fin. Une vie d'itinérance et d'exclu, une vie de merde selon son compagnon. Il est mort abandonné de tous alors qu'il a travaillé avec acharnement pour revoir les siens, sa femme et ses enfants. Après enquête, son père n'a pas fui de son plein gré, comme on l'a laissé entendre à coup de dénigrement et de médisance. Non, son père, au contraire, voulait et cherchait constamment à rentrer à la maison pour revoir sa princesse, mais on l'en empêchait. Il était interdit de séjour, ayant soi-disant fabriqué ou falsifié des prescriptions pharmaceutiques. Le clan se servait de ce prétexte comme menace d'emprisonnement s'il se pointait dans la région. Il entretenait ainsi ses craintes paranoïaques pour le maintenir à distance. « Ils ont agi, pour bien faire, pour notre bien, nous bourrant ainsi le crâne de mensonges éhontés. »

Marie connaît enfin la vérité. Que d'efforts pour l'obtenir. Il s'en est fallu de peu pour qu'elle continue dans le noir. Il aurait été pourtant si simple de dire ce qu'il en était à des enfants en quête de vérité. Parce qu'il aurait mieux valu pour Marie d'avoir un père souffrant qu'un père absent. La désertion, l'abandon a causé plus de torts que la présence d'un père problématique. Mais que faire de ces réponses ? Elle n'a pas le moins du monde prévu la désorganisation dans laquelle elles la plongent. Ainsi elle n'arrive pas à démêler ses états d'âme, les mille et une raisons de se retrouver encore plus dispersée. Résolue à nager à contre-courant, elle assume malgré tout sa fragilité, sa manière à elle de douter, et décide de se reconstruire morceau par morceau, de reprendre une à une les étapes indispensables pour enfin trouver la sérénité. Et si un jour, à nouveau, des bras s'offrent à elle, savoir les accepter pour ce qu'ils sont !

# Note

Et ces bras sont venus. Et d'autres et d'autres encore. Marie, que nous retrouvons dans *Trois femmes de passion*, se demande si se griser de chimères, pactiser avec le déni, se réfugier dans l'évasion est la consécration d'une vie. Adhérer à cette logique, s'abreuver à cette médecine, faut-il ? Par dépendance, par insécurité, peut-être ? Elle s'est conformée. Mais pour aller jusqu'où ? Finalement pour conclure que l'amour sacrifié au prix de sa propre existence ne peut être de l'amour. Il appartient à Marie maintenant, juste à elle, d'en établir la différence.

# Table des matières

H
hamac
*classique*

# Dans la même collection

*Et vogue la galère,*
*Chroniques de Ville-Marie tome 1 (1659-1663)*
Josée Mongeau, 2014

*À la guerre comme à la guerre,*
*Chroniques de Ville-Marie tome 2 (1665-1667)*
Josée Mongeau, 2014

*Yiosh!*
Magali Sauves, 2014

*Charlotte et la mémoire du cœur*
Jean-Pierre Wilhelmy, Lorraine Desjarlais, 2014

*La Côte-Nord contre vents et marée*
Pauline L. Boileau, 2013

*De père en fille*
Louise Simard et Jean-Pierre Wilhelmy, 2012

*Les Cœurs tigrés*
Yves Morin, 2011
Prix de la création 2012
(Ville de Québec/
Salon international du livre
de Québec)

*Monsieur Olivier*
Marc-André Tardif, 2011

# Autres romans historiques à découvrir au Septentrion

*Les Aventures de Radisson, t. 1, L'enfer ne brûle pas*
Martin Fournier, 2011
Prix littéraire du Gouverneur général
en Littérature jeunesse 2012

*Les Aventures de Radisson, t. 2, Sauver les Français*
Martin Fournier, 2014

*Le Bâtisseur*
Danielle Brault, 2008

*Entre poudrés et pouilleux*
Jacques Mathieu, 2008

*Antoine, coureur des bois*
Adrienne Leduc, 2007

*La Guerre des autres*
Jean-Pierre Wilhelmy, 1997

*L'aventurier du hasard*
Réal Ouellet, 1996

*La Fille de personne*
Marc Parson, 1994

Tous les livres de Hamac sont imprimés sur du papier recyclé, traité sans chlore et contenant 100 % de fibres postconsommation, selon les recommandations d'ÉcoInitiatives (www.oldgrowthfree.com/ecoinitiatives). En respectant les forêts, Hamac espère qu'il restera toujours assez d'arbres sur terre pour accrocher des hamacs.

PROTÉGEONS
NOS FORÊTS

CET OUVRAGE EST COMPOSÉ EN NEW BASKERVILLE CORPS 12
SELON UNE MAQUETTE RÉALISÉE PAR PIERRE-LOUIS CAUCHON
ET ACHEVÉ D'IMPRIMER EN MARS 2015
SUR LES PRESSES DE L'IMPRIMERIE MARQUIS
À MONTMAGNY
POUR LE COMPTE DE GILLES HERMAN
ÉDITEUR À L'ENSEIGNE DU SEPTENTRION